La seconda grande guerra mondiale
una storia essenziale

Prof Rizi

Sommario

introduzione

Per molto tempo, l'11 novembre è stato riconosciuto come il giorno del 1918 in cui la battaglia si è interrotta in quella che è stata per molto tempo nota come "la Grande Guerra", la contesa che attualmente chiamiamo Prima Guerra Mondiale. Sia il ricordo della fine della contesa che sgomberò il mondo dal 1914 al 1918, sia il nome che prese all'epoca rispecchiano la straordinaria mostruosità delle battute d'arresto e dell'annientamento provocati dalla resa dei conti. Prima del 1914 c'erano stati conflitti incredibilmente ridicoli, e alcuni di loro avevano ricordato di aver combattuto per terra e mari ovunque, tranne che nessuno aveva coinvolto così innumerevoli nazioni e regioni di frontiera, direttamente o in modo indiretto aveva elaborato una così vasta estensione della popolazione del pianeta o ucciso tali innumerevoli individui mentre riparano domini e amministrazioni. Supponendo che la fine della resa dei conti abbia fornito un aiuto così straordinario e portato un'ampia aspettativa che nulla di simile potesse in alcun momento ripresentarsi, è inevitabile chiedersi come sia stato che solo vent'anni dopo il 1918 l'esperienza abbia quasi rimaneggiato la stessa cosa e perché semplicemente un anno dopo il fatto che sia iniziato. con successo un secondo fuoco mondiale

Alcuni studiosi della seconda guerra mondiale continuano a dire che essa iniziò davvero nel 1931 con la presa della Manciuria da parte dei giapponesi, o nel 1935 con l'intrusione italiana dell'Abissinia (Etiopia), o nel 1936 con l'episodio della guerra civile spagnola , o nel 1937 con l'inizio di minacce aperte tra Giappone e Cina. L'opinione che abbiamo qui è che si trattasse di scontri di tipo alternativo. Le due date di collegamento con l'Asia orientale segnano la ripresa delle vicine motivazioni espansionistiche del Giappone; l'attività nell'Africa nord-orientale è stata la ripresa dell'estensione pellegrina dell'Italia; Il conflitto comune spagnolo iniziò e rimase fino alla fine una contesa ristretta alle linee di quel paese. Benché in questo gran numero di casi poteri diversi diedero aiuto a parte o l'altro, in nessuna di esse partecipa direttamente un numero maggiore di nazioni rispetto a quelle direttamente coinvolte. I fatti confermano che il Giappone, nel dicembre 1941, si unì intenzionalmente alla più grande lotta iniziata dalla Germania nel 1939, ma quella scelta, che esamineremo nella sezione 5, non era stata fatta in anticipo con alcun mezzo. A partire dal 1945 circa ci sono state battaglie tra singole nazioni e conflitti comuni all'interno delle singole nazioni, tuttavia, fortunatamente, non ci sono state minacce militari complessive.

Se ai fini di questo studio la guerra in questione è iniziata nel 1939, perché dovremmo considerarla una guerra mondiale dall'inizio invece di una guerra europea che, come molti dei conflitti precedenti, è diventata una guerra mondiale solo dopo il 1939? 1941? Sebbene la guerra sia iniziata in Europa, il confronto fin dall'inizio ha avuto aspetti globali e ha coinvolto un gran numero di paesi. La Germania, che è stata la nazione che ha dato inizio al conflitto, aveva ambizioni che abbracciavano il mondo intero, come vedremo nel capitolo 1. Gli alleati includevano Canada,

Australia e Nuova Zelanda fin dall'inizio, e l'Unione del Sud Africa si sarebbe unita a loro pochi . giorni dopo. Fin dall'inizio furono coinvolti anche gli imperi coloniali di Francia e Regno Unito, come dimostrano i soldati delle colonie francesi in Africa che combatterono in Francia (dove migliaia di loro sarebbero stati fucilati dai tedeschi dopo la resa) o l'esercito di volontari reclutato in India, il più grande del suo genere nell'intero conflitto. Sebbene il coinvolgimento dell'Italia non sia iniziato fino al giugno 1940, ha portato con sé un coinvolgimento più diretto del continente africano; ed è impossibile ignorare che la rivolta anti-britannica in Iraq ei combattimenti in Siria del maggio e giugno 1941 ebbero luogo in Asia. questo ha portato con sé un coinvolgimento più diretto del continente africano; ed è impossibile ignorare che la rivolta anti-britannica in Iraq ei combattimenti in Siria del maggio e giugno 1941 ebbero luogo in Asia. questo ha portato con sé un coinvolgimento più diretto del continente africano;

Anche la guerra negli oceani è stata mondiale fin dall'inizio. Basteranno due esempi: la battaglia tra la corazzata tascabile tedesca Graf Spee e gli incrociatori britannici Exeter, Ajax e Achilles al largo delle coste dell'Uruguay nel dicembre 1939, e l'aiuto che l'Unione Sovietica diede alla Germania nel 1940 consentendole di inviare tramite il Rotta artica, seguendo la costa settentrionale della Siberia, un incrociatore ausiliario destinato ad affondare le navi alleate nel Pacifico. Sia la campagna sottomarina tedesca che gli sforzi britannici per intercettare le navi mercantili tedesche avevano anche un'ambientazione mondiale.

Una volta accettato che la seconda guerra mondiale è iniziata nel settembre 1939 con l'invasione tedesca della Polonia e si è conclusa nel settembre 1945 con la resa del Giappone, la domanda è come sia nato un conflitto di tali proporzioni. Sebbene ci siano infiniti dibattiti su chi sia stato il responsabile dello scoppio della prima guerra mondiale, pochissimi hanno messo in dubbio la responsabilità della Germania nell'inizio della seconda guerra mondiale. Una domanda importante, su cui ci concentreremo nel capitolo 1, è come una cosa del genere possa accadere in un mondo in cui il ricordo della precedente terribile guerra era così vivido nella mente di tutti gli adulti che vi erano sopravvissuti. Dal momento che la Germania è entrata in guerra aspettandosi di vincerla, e per un certo periodo sembrava avere una ragionevole possibilità di raggiungere quell'obiettivo, come hanno fatto gli Alleati a vincere? Tale questione sarà trattata nei capitoli successivi.

Dal momento che la guerra è cresciuta fino a diventare il più grande conflitto di questo tipo nella storia umana, dovremo anche esaminare i cambiamenti che la guerra ha causato all'interno dei paesi belligeranti e degli imperi che alcuni di loro hanno avuto prima di essere coinvolti nello scontro. . Dobbiamo anche dire qualcosa sui cambiamenti spettacolari che la guerra ha portato con sé sia in termini di armi, da un lato, che di medicina e tecnologia, dall'altro. Il computer su cui scrivo il testo di questo libro, ad esempio, illustra perfettamente il modo in cui le nuove tecnologie sviluppate e applicate durante la seconda guerra mondiale influiscono sulla nostra vita quotidiana di oggi e continueranno a farlo in futuro.

uno

Gli anni tra le due guerre

La conferenza di pace del 1919

I rappresentanti delle potenze vincitrici che hanno redatto i trattati di pace con Germania, Austria, Ungheria, Bulgaria e il successore dell'Impero Ottomano hanno dovuto affrontare molti problemi complessi. Quale trattamento dovrebbe essere riservato alle potenze centrali sconfitte; come affrontare i nuovi stati emersi dalle rovine degli imperi russo, austro-ungarico e ottomano; come gestire il conflitto tra Cina e Giappone per l'ex colonia tedesca in Cina; cosa fare con il resto delle colonie tedesche; e come ridurre il rischio di un disastro come quello che ha appena finito di ripetersi. È utile vedere molti di questi enigmi come sfaccettature diverse della stessa questione fondamentale (qualcosa che la letteratura sulla conferenza di pace del 1919 menziona raramente): come riorganizzare l'Europa ei territori di altre parti del mondo in un momento in cui il principio nazionale ha sostituito il principio dinastico come presupposto fondamentale della territorialità. Questo era un problema che i responsabili della pacificazione del continente nel 1815 dopo gli sconvolgimenti causati dalla Rivoluzione francese e dalle guerre napoleoniche non avevano dovuto considerare. Molti dei partecipanti alla conferenza di Parigi hanno ritenuto che il conflitto appena concluso fosse in gran parte una conseguenza del mancato rispetto del principio nazionale, evidente nelle guerre balcaniche del primo Novecento e nel confronto tra Serbia e Austria. -Ungheria. Questo era un problema che i responsabili della pacificazione del continente nel 1815 dopo gli sconvolgimenti causati dalla Rivoluzione francese e dalle guerre napoleoniche non avevano dovuto considerare. Molti dei partecipanti alla conferenza di Parigi hanno ritenuto che il conflitto appena concluso fosse in gran parte una conseguenza del mancato rispetto del principio nazionale, evidente nelle guerre balcaniche del primo Novecento e nel confronto tra Serbia e Austria. -Ungheria. Questo era un problema che i responsabili della pacificazione del continente nel 1815 dopo gli sconvolgimenti causati dalla Rivoluzione francese e dalle guerre napoleoniche non avevano dovuto considerare. Molti dei partecipanti alla conferenza di Parigi hanno ritenuto che il conflitto appena concluso fosse in gran parte una conseguenza del mancato rispetto del principio nazionale, evidente nelle guerre balcaniche del primo Novecento e nel confronto tra Serbia e Austria. -Ungheria.

Gli sforzi dei diplomatici per affrontare questa questione fondamentale - come facilitare il passaggio da stati basati sulla lealtà a una dinastia a stati fondati sull'identità nazionale del loro popolo - non sono stati del tutto equi o ragionevoli, ma raramente hanno ricevuto il riconoscimento che meritano . Il numero di popoli europei che credevano di essere soggetti a governanti dal loro punto di vista straniero è stato notevolmente ridotto dopo la guerra. Inoltre, c'erano tre aspetti dell'accordo di pace nel suo insieme che rientravano in questo sforzo di aggiustamento e dovrebbero essere intesi come tali. Molti dei nuovi stati europei sono stati costretti a firmare trattati che promettevano di rispettare i diritti delle minoranze nazionali residenti all'interno dei loro confini. Questo sistema di protezione delle minoranze nazionali non ha funzionato come speravano i suoi creatori, ma la loro determinazione a raggiungerlo merita riconoscimento. La seconda caratteristica dell'accordo di pace che si inserisce nell'idea di adeguare i confini alla nazionalità era che prevedeva lo svolgimento di plebisciti in varie aree d'Europa affinché i suoi abitanti potessero votare con quale nazionalità si identificassero, con l'intenzione che il le preferenze che esprimevano si sarebbero poi riflesse nel disegno dei nuovi confini. Anche questo ha causato problemi, ma ancora una volta l'idea è da lodare. La seconda caratteristica dell'accordo di pace che si inserisce nell'idea di adeguare i confini alla nazionalità era che prevedeva lo svolgimento di plebisciti in varie aree d'Europa affinché i suoi abitanti potessero votare con quale nazionalità si identificavano, con l'intenzione che le preferenze da loro espresse si riflettessero poi nel disegno dei nuovi confini. Anche questo ha causato problemi, ma ancora una volta l'idea è da lodare. La seconda caratteristica dell'accordo di pace che si inserisce nell'idea di adeguare i confini alla nazionalità era che prevedeva lo svolgimento di plebisciti in varie aree d'Europa affinché i suoi abitanti potessero votare con quale nazionalità si identificassero, con l'intenzione che il le preferenze che esprimevano si sarebbero poi riflesse nel disegno dei nuovi confini. Anche questo ha causato problemi, ma ancora una volta l'idea è da lodare. La seconda caratteristica dell'accordo di pace che si inserisce nell'idea di adeguare i confini alla nazionalità era che prevedeva lo svolgimento di plebisciti in varie aree d'Europa affinché i suoi abitanti potessero votare con quale nazionalità si identificassero, con l'intenzione che il le preferenze che esprimevano si sarebbero poi riflesse nel disegno dei nuovi confini. Anche questo ha causato problemi, ma ancora una volta l'idea è da lodare. La seconda caratteristica dell'accordo di pace che si inserisce nell'idea di adeguare i confini alla nazionalità era che prevedeva lo svolgimento di plebisciti in varie aree d'Europa affinché i suoi abitanti potessero votare con quale nazionalità si identificassero, con l'intenzione che il le preferenze che esprimevano si sarebbero poi riflesse nel disegno dei nuovi confini. Anche questo ha causato problemi, ma ancora una volta l'idea è da lodare.

Il terzo aspetto dell'accordo di pace che indicava il nuovo focus sui governati piuttosto che sui governanti è visibile nelle disposizioni sull'Impero coloniale tedesco e sulle porzioni non turche dell'Impero Ottomano. Piccole parti delle colonie tedesche, Camerun e Togo nell'Africa occidentale, furono incorporate nelle adiacenti colonie britanniche e francesi e un minuscolo pezzo dell'Africa orientale tedesca (Tanzania) fu aggiunto alla colonia portoghese del Mozambico; tuttavia, la maggior parte dell'impero coloniale tedesco divenne ciò che furono chiamati "mandati", così come le parti dell'Impero Ottomano assegnate al Regno Unito e alla Francia. I mandati rientravano in tre categorie: gli A, che avrebbero dovuto diventare stati indipendenti in tempi relativamente brevi; le B, dove si prevedeva che questo processo richiedesse più tempo; e le C, che ci si potrebbe aspettare a lungo sotto il controllo straniero. L'amministrazione di questi territori fu affidata ai vari paesi vincitori fino a quando non furono in grado di raggiungere l'indipendenza, e ci si aspettava che i nuovi governanti riferissero a un comitato speciale della neonata organizzazione internazionale. C'è una differenza significativa tra questa procedura e quella precedentemente utilizzata in altri conflitti internazionali, in cui territori come alcune parti dell'India, del Canada e altre aree dell'emisfero occidentale,

Vale la pena citare altre due novità. In primo luogo, è stata creata una nuova organizzazione internazionale chiamata Società delle Nazioni, qualcosa per cui l'influenza degli Stati Uniti è stata decisiva. Lo statuto del nuovo organismo, noto come "il Patto", è stato inserito nel testo di tutti i trattati di pace come parte prima. L'idea era che la terribile guerra appena conclusa rendesse necessario affrontare le relazioni internazionali da una nuova prospettiva nella speranza di evitare il ripetersi di un conflitto simile. Ci sarebbe un nuovo forum internazionale permanente in cui sarebbe possibile discutere qualsiasi questione urgente in quel momento; un meccanismo per vigilare sulle minoranze, prendersi cura dei mandati e tenere plebisciti; e una forma di protezione collettiva dell'indipendenza di ciascun membro dell'organizzazione.

L'altra novità è stata l'inclusione nel trattato di pace con la Germania di una clausola per processare i criminali di guerra. Questa fu una delle disposizioni più detestate dai tedeschi e, alla fine, al posto dei processi internazionali, la responsabilità ricadde su un tribunale tedesco con sede a Lipsia. I processi che si sono tenuti lì si sono rivelati una farsa e ciò ha portato a un approccio diverso durante e dopo la seconda guerra mondiale; ma ancora una volta il concetto ha introdotto un nuovo elemento nel pensare agli orrori della guerra. Dopo l'ascesa al potere dei nazionalsocialisti, il capitano di un sottomarino che aveva silurato una nave ospedale e poi ordinato di mitragliare le scialuppe di salvataggio dei sopravvissuti poteva sperare in una grande carriera militare in Germania.

Poiché sia l'Austria-Ungheria che l'Impero Ottomano sono scomparsi alla fine del conflitto, il trattato di pace con la Germania è stato il più importante di tutti. Fu in essa che il passaggio dal principio dinastico al principio nazionale si rivelò sia più importante che più controverso. Sebbene la Germania fosse la più recente delle grandi potenze, essendo esistita per meno di mezzo secolo, il paese non era diviso. Era chiaro che le persone che vi abitavano si consideravano tedeschi piuttosto che prussiani, württemburger, sassoni o bavaresi. Da un lato si decise che la Germania restituisse i territori acquisiti nell'ultimo secolo e mezzo ai precedenti proprietari: Francia, Danimarca e Polonia; ma nondimeno nessuna area significativa di territorio chiaramente abitata da tedeschi fu ceduta ai vincitori.

In relazione alla restituzione delle terre alla Danimarca e alla Polonia, si tennero plebisciti in quelle zone dove c'erano dubbi sulla disposizione del nuovo confine, cosa prevista anche per il caso del Saarland, territorio che sarebbe stato separato dalla Germania per quindici anni. Il ritorno dei territori presi in Polonia suscitò violente obiezioni in Germania. Nelle tre partizioni della Polonia che ebbero luogo nel 1772, 1793 e 1795, i governanti brandeburghesi-prussiani si erano appropriati di vaste aree del paese in un processo che avvicinò la Russia all'Europa centrale e inizialmente crearono un corridoio prussiano orientale. a ovest che collega il Brandeburgo e la Prussia. Il ritorno in Polonia di gran parte delle terre prese dalla Germania, che, come prima del 1772, implicava un corridoio nord-sud, fece arrabbiare molti tedeschi anche se la Polonia esisteva come stato molto prima della Germania. Un aspetto di quell'oltraggio fu di enorme importanza sia allora che per i decenni a venire. Molti tedeschi ritenevano che i polacchi e altri popoli slavi dell'Europa orientale fossero razzialmente e culturalmente inferiori. L'idea di chiedere a questa popolazione di votare se si sentiva tedesca o polacca implicava un'equivalenza che molti tedeschi trovavano offensiva, poiché si consideravano appartenere a una categoria di esseri umani completamente diversa. Quando la delegazione tedesca alla conferenza di pace convinse i vincitori a tenere un plebiscito in Alta Slesia, invece di trasferire il territorio alla Polonia come originariamente previsto, nella speranza che la regione potesse essere spartita, come accadde alla fine, molti tedeschi non lo interpretarono come un grande trionfo per la loro squadra negoziale, ma come l'ennesimo insulto alla loro autostima. Il fatto che molti degli stati tedeschi come la Prussia, la Baviera e l'Oldenburg fossero stati e siano rimasti territori non contigui fino al 1945 è stato più volte trascurato.

Un altro aspetto di grande importanza è stata la discussione sul confine occidentale della Germania e il modo in cui la conferenza di pace l'ha risolta. Poiché la Francia era stata invasa due volte dai tedeschi nel recente passato, nel 1870 e nel 1914, i francesi erano preoccupati per una possibile futura aggressione tedesca (una preoccupazione simile a quella che molti paesi europei avevano per la Francia nel 1815).). L'opzione di separare la Renania dalla Germania e creare uno stato separato è stata presa seriamente in considerazione, ma sebbene ciò potesse servire a proteggere la Francia da un'invasione tedesca, è stata una drastica violazione del principio nazionale. Su insistenza delle delegazioni britannica e americana si decise che la Renania dovesse rimanere all'interno della Germania attraverso l'attuazione di accordi volti a offrire una protezione alternativa a Francia e Belgio. Le terre a ovest del Reno e una striscia di trenta miglia a est di esso dovevano essere e rimanere smilitarizzate. Inoltre, il Regno Unito e gli Stati Uniti hanno firmato trattati di garanzia con la Francia, impegnandosi a venire in suo aiuto in caso di invasione della Germania. Questi accordi sono stati visti come una sicurezza per la Francia nel rispetto del principio nazionale. La

Germania manterrebbe la regione, ma escluderebbe l'attacco alla Francia poiché ciò porterebbe automaticamente alla guerra con il Regno Unito e gli Stati Uniti. Inoltre, la zona smilitarizzata costringerebbe la Germania a rispettare l'indipendenza della Polonia e dei piccoli stati emersi dalla divisione dell'Impero austro-ungarico, poiché fungeva da porta aperta per un'invasione da ovest. Sfortunatamente, il rifiuto del Senato degli Stati Uniti di ratificare il trattato di garanzia, e poi il rifiuto del Regno Unito di essere l'unico garante, contribuirà al crollo della struttura di pace negli anni '30. sistema di trattati che aveva contribuito a progettare, il compito di far rispettare i patti spettava ai paesi che erano stati più indeboliti dalla guerra e che incoraggiavano i vinti a tentare nuovamente la fortuna. poiché funzionava come una porta aperta per un'invasione da ovest. Sfortunatamente, il rifiuto del Senato degli Stati Uniti di ratificare il trattato di garanzia, e poi il rifiuto del Regno Unito di essere l'unico garante, contribuiranno al crollo della struttura di pace negli anni '30. sistema di trattati che aveva contribuito a progettare, il compito di far rispettare i patti spettava ai paesi che erano stati più indeboliti dalla guerra e che incoraggiavano i vinti a tentare nuovamente la fortuna. poiché funzionava come una porta aperta per un'invasione da ovest. Purtroppo, il rifiuto del Senato degli Stati Uniti di ratificare il trattato di garanzia, e poi il rifiuto del Regno Unito di essere l'unico garante, contribuiranno al crollo della struttura di pace negli anni '30. sistema di trattati che aveva contribuito a progettare, il compito di far rispettare i patti spettava ai paesi che erano stati più indeboliti dalla guerra e che incoraggiavano i vinti a tentare nuovamente la fortuna.

Il trattato con la Germania prevedeva altre due categorie di disposizioni che i tedeschi si risentivano di più e in seguito trovarono il modo di minare o ignorare, vale a dire quelle che ponevano restrizioni alle forze armate del paese e quelle che prevedevano riparazioni. di guerra. I tedeschi avevano introdotto il bombardamento di città lontane dal fronte nell'arsenale delle strategie di guerra, e gli Alleati, che non condividevano il loro entusiasmo per questo approccio, proibirono alla Germania di avere una forza aerea militare. Dopo il 1918, tuttavia, i tedeschi usarono le strutture fornite dai loro amici sovietici per aggirare quella restrizione (e durante la seconda guerra mondiale avrebbero dolorosamente appreso che se avessero insistito per bombardare le città, altri sarebbero stati disposti a ripagarle in natura). E hanno fatto lo stesso per aggirare i divieti sullo sviluppo di veicoli corazzati e sottomarini. D'altro canto, il limite che il trattato imponeva alla dimensione dell'esercito, centomila uomini, è stato aggirato, ad esempio, attraverso l'addestramento militare della polizia. Sebbene il parlamento tedesco abbia firmato il trattato in legge, l'alto comando militare, che aveva giurato di sostenere la costituzione e le leggi della Repubblica, era orgoglioso di rompere quel giuramento il più spesso possibile.

Nelle guerre precedenti, i vincitori imponevano spesso un risarcimento al perdente, un esempio recente all'epoca fu il risarcimento che la nuova Germania impose alla Francia nel 1871. I redattori del trattato di pace affrontarono la questione in modo diverso. Poiché la maggior parte dei combattimenti e della conseguente distruzione si erano verificati al di fuori della Germania, il termine "riparazioni" è stato utilizzato sia nel trattato che nei successivi negoziati e discussioni per sottolineare che invece di una sanzione per aver perso una guerra, ciò che la Germania avrebbe pagare erano le spese per riparare il danno che aveva causato. Non possiamo qui rivedere la lunga e complessa storia delle riparazioni di guerra, ma dobbiamo menzionare le conseguenze chiave in quanto hanno influenzato gli eventi successivi sia all'interno della Germania che nei paesi vittoriosi. Per evitare di pagare risarcimenti, nel 1923 il governo tedesco distrusse deliberatamente il valore della sua moneta a causa dell'inflazione e nel 1931-1932 virò verso una drastica deflazione. Il risultato sulla scena internazionale fu che la Germania in realtà pagava molto poco ei vincitori dovettero sostenere i costi della ricostruzione, indebolendoli ulteriormente. All'interno della Germania, tuttavia, l'effetto è stato un'enorme insoddisfazione per il governo e una maggiore volontà di sostenere il tipo di regime sostenuto dai nazionalsocialisti. nel 1923 il governo tedesco distrusse deliberatamente il valore della sua moneta a causa dell'inflazione e nel 1931-1932 virò verso una drastica deflazione. Il risultato sulla scena internazionale fu che la Germania in realtà pagava molto poco ei vincitori dovettero sostenere i costi della ricostruzione, indebolendoli ulteriormente. All'interno della Germania, invece, l'effetto è stato un'enorme insoddisfazione per il governo e una maggiore volontà di sostenere il tipo di regime sostenuto dai nazionalsocialisti. nel 1923 il governo tedesco distrusse deliberatamente il valore della sua moneta a causa dell'inflazione e nel 1931-1932 virò verso una drastica deflazione. Il risultato sulla scena internazionale fu che la Germania in realtà pagava molto poco ei vincitori dovettero sostenere i costi della ricostruzione, indebolendoli ulteriormente. All'interno della Germania, tuttavia, l'effetto è stato un'enorme insoddisfazione per il governo e una maggiore volontà di sostenere il tipo di regime sostenuto dai nazionalsocialisti. nel 1923 il governo tedesco distrusse deliberatamente il valore della sua moneta a causa dell'inflazione e nel 1931-1932 virò verso una drastica deflazione. Il risultato sulla scena internazionale fu che la Germania in realtà pagava molto poco ei vincitori dovettero sostenere i costi della ricostruzione, indebolendoli ulteriormente. All'interno della Germania, tuttavia, l'effetto è stato un'enorme insoddisfazione per il governo e una maggiore volontà di sostenere il tipo di regime sostenuto dai nazionalsocialisti. nel 1923 il governo tedesco distrusse deliberatamente il valore della sua moneta a causa dell'inflazione e nel 1931-1932 virò verso una drastica deflazione. Il risultato sulla scena internazionale fu che la Germania in realtà pagava molto poco ei vincitori dovettero sostenere i costi della ricostruzione, indebolendoli ulteriormente. All'interno della Germania, tuttavia, l'effetto è stato un'enorme insoddisfazione per il governo e una maggiore volontà di sostenere il tipo di regime sostenuto dai nazionalsocialisti.

La Germania dopo la prima guerra mondiale e l'ascesa di Hitler

Nella situazione confusa all'interno della Germania dopo una sconfitta che praticamente nessuno aveva previsto, vari gruppi e individui si sono fatti avanti per dare spiegazioni su quanto era successo e avanzare proposte per un futuro diverso. Gran parte dell'establishment militare e alcuni leader politici sostenevano che la Germania non fosse stata sconfitta al fronte, ma piuttosto pugnalata alle spalle da socialisti, comunisti, ebrei e altri elementi presumibilmente sovversivi. Essendo i beneficiari della sconfitta che avevano causato, erano questi gruppi che ora governavano lo stato. Un nuovo sistema in cui non ci fosse spazio per le differenze interne (differenze esemplificate dall'esistenza di più partiti politici) garantirebbe la vittoria nelle guerre future per uno stato guidato dall'unico leader dell'unico partito politico. Il Partito Nazionalsocialista guidato da Adolf Hitler riceveva sempre più sostegno attraverso questo messaggio. Credendo erroneamente che questo movimento potesse essere controllato e prevedendo un esito diverso in qualunque guerra il futuro avrebbe tenuto, gli uomini attorno a Paul von Hindenburg, il presidente eletto della Germania, lo convinsero a nominare Hitler cancelliere alla fine di gennaio 1933.

Nei suoi scritti e discorsi Hitler si era aggrappato alla leggenda della pugnalata alle spalle e aveva elogiato il sistema sovietico e il fascismo italiano per aver consentito un solo partito politico. Aveva insistito sul fatto che per la Germania la strada per il futuro non consistesse nelle guerre condotte per recuperare le aree di territorio nazionale perse nel trattato di pace (la stupidità propugnata da quelli che chiamava i Grenzpolitiker, i politici di confine) ma nelle guerre condotte per ottenere il enorme Lebensraum, spazio vitale, che rivendicava un Raumpolitiker, un politico spaziale, come lui. In pochi mesi, nel 1933, Hitler consolidò la dittatura del partito unico in Germania e, contemporaneamente, accelerò il riarmo che il Paese stava portando avanti in segreto.

Hitler dava per scontato che la sostanziale accelerazione del programma di riarmo fino ad allora segreto sarebbe stata sufficiente per la prima delle guerre che intendeva condurre, vale a dire la guerra contro la Cecoslovacchia, con la quale intendeva consolidare la posizione della Germania nell'Europa centrale ed europea. aumentare le divisioni dell'esercito che poteva reclutare. La prossima guerra avrebbe richiesto nuove armi, in particolare bombardieri in picchiata mono e bimotore e carri armati e navi da guerra più grandi, poiché ciò sarebbe stato contro Francia e Regno Unito, due paesi che avevano causato grandi difficoltà alla Germania nell'ultimo conflitto. Poi sarebbe arrivata l'invasione dell'Unione Sovietica, per la quale la sconfitta delle potenze occidentali era un prerequisito necessario, ma per la quale, prevedeva Hitler, non sarebbero stati necessari nuovi armamenti. Dal suo punto di vista, sconfiggere questo paese degli slavi inferiori non è stato affatto difficile; in quello che credeva fosse stato un colpo di fortuna per la Germania, la rivoluzione bolscevica aveva privato la Russia della precedente élite dirigente in gran parte tedesca e il paese era ora governato da, ha sottolineato, incompetenti. Una volta schiacciati i sovietici, la Germania avrebbe avuto le materie prime (in particolare il petrolio) di cui aveva bisogno per la guerra che sarebbe seguita contro gli Stati Uniti, un paese che, sebbene anche razzialmente inferiore, era lontano e possedeva una notevole forza navale. Pertanto, nel 1937, quando era già in corso la progettazione e produzione di armi per la guerra contro Francia e Regno Unito, e il paese era ora governato da, ha sottolineato, incompetenti. Una volta schiacciati i sovietici, la Germania avrebbe avuto le materie prime (in particolare il petrolio) di cui aveva bisogno per la guerra che sarebbe seguita contro gli Stati Uniti, un paese che, sebbene anche razzialmente inferiore, era lontano e possedeva una notevole forza navale. Pertanto, nel 1937, quando era già in corso la progettazione e produzione di armi per la guerra contro Francia e Regno Unito, e il paese era ora governato da, ha sottolineato, incompetenti. Una volta schiacciati i sovietici, la Germania avrebbe avuto le materie prime (in particolare il petrolio) di cui aveva bisogno per la guerra che sarebbe seguita contro gli Stati Uniti, un paese che, sebbene anche razzialmente inferiore, era lontano e possedeva una notevole forza navale. Pertanto, nel 1937, quando era già in corso la progettazione e produzione di armi per la guerra contro Francia e Regno Unito,

Il mondo reagisce a Hitler

A differenza della Germania, gli altri paesi del mondo non erano disposti a credere che, dopo l'esperienza di quella che allora era conosciuta come la Grande Guerra, chiunque potesse seriamente pensare di iniziare nuove guerre che con ogni probabilità finirebbero per trascinare la maggior parte della pianeta. Negli anni '20 e '30 furono compiuti tutti i tipi di sforzi per limitare e ridurre gli armamenti e, sebbene questi non fossero molto efficaci, sono una dimostrazione di ciò che la maggior parte delle maggiori potenze allora riteneva necessario. Il ritiro formale della Germania dalla Società delle Nazioni e dalla Conferenza sul disarmo nel 1933 non fu preso come un segno della sua determinazione a ricominciare il conflitto. Allo stesso modo, al ritiro del Giappone dagli accordi per limitare la potenza marittima, la risposta degli Stati Uniti e, in misura minore, del Regno Unito, consistette solo in un minimo riarmo navale. L'invasione giapponese della Manciuria nel 1931 e la ripresa della guerra con la Cina nel 1937 furono accolte con disapprovazione, ma non ci furono risposte militari da altri paesi. Grazie alle sue eccellenti relazioni sia con la Cina che con il Giappone, fu la Germania a tentare di mediare il conflitto nell'autunno e nell'inverno del 1937. Quando il governo di Tokyo rifiutò qualsiasi accordo con il governo nazionalista cinese, Hitler scelse di sostenere il Giappone. il giapponese. Da tempo sosteneva un'alleanza con l'Italia, sia perché ammirava il dittatore Benito Mussolini, sia perché gli avrebbe permesso di espandere il suo impero a spese degli Alleati della Grande Guerra. Stessa cosa con il Giappone. Grazie alle sue eccellenti relazioni sia con la Cina che con il Giappone, fu la Germania a tentare di mediare il conflitto nell'autunno e nell'inverno del 1937. Quando il governo di Tokyo rifiutò qualsiasi accordo con il governo nazionalista cinese, Hitler scelse di sostenere il Giappone. il giapponese. Da tempo sosteneva un'alleanza con l'Italia, sia perché ammirava il dittatore Benito Mussolini, sia perché gli avrebbe permesso di espandere il suo impero a spese degli Alleati della Grande Guerra. Stessa cosa con il Giappone. Grazie alle sue eccellenti relazioni sia con la Cina che con il Giappone, fu la Germania a tentare di mediare il conflitto nell'autunno e nell'inverno del 1937. Quando il governo di Tokyo rifiutò qualsiasi accordo con il governo nazionalista cinese, Hitler scelse di sostenere il Giappone. il giapponese. Da tempo sosteneva un'alleanza con l'Italia, sia perché ammirava il dittatore Benito Mussolini, sia perché gli avrebbe permesso di espandere il suo impero a spese degli Alleati della Grande Guerra. Stessa cosa con il Giappone. sia perché ammirava il dittatore Benito Mussolini sia perché gli avrebbe permesso di espandere il suo impero a spese degli Alleati della Grande Guerra. Stessa cosa con il Giappone. sia perché ammirava il dittatore Benito Mussolini sia perché gli avrebbe permesso di espandere il suo impero a spese degli Alleati della Grande Guerra. Stessa cosa con il Giappone.

Quando la Germania si riarmava più apertamente negli anni '30, il Congresso degli Stati Uniti approvò quelle che divennero note come "leggi sulla neutralità". Queste leggi potrebbero essere riuscite a tenere gli Stati Uniti fuori dalla guerra del 1914, ma il loro effetto nel contesto dell'epoca fu quello di aumentare la probabilità di un nuovo conflitto scoraggiando gli sforzi di Francia e Regno Unito e incoraggiando quelli della Germania. I governi francese e britannico non erano disposti a entrare in guerra per fermare le flagranti violazioni del trattato di pace da parte della Germania. Dopo l'enorme numero di vittime della Grande Guerra, l'opinione pubblica in entrambi i paesi era riluttante a intraprendere un nuovo conflitto, una possibilità che fu vista con orrore. Il Regno Unito' Il disarmo era stato esteso ei francesi avevano iniziato la costruzione di un'ampia linea di fortificazioni nella speranza di scoraggiare o respingere in altro modo qualsiasi ulteriore invasione tedesca. Le infinite lamentele della Germania sulla presunta severità del trattato di pace del 1919 colpirono anche la popolazione e i leader politici di entrambi i paesi. Uno dei generali tedeschi catturati in Tunisia nel maggio 1943 fu registrato nel febbraio 1944 dicendo ad altri generali imprigionati che sarebbero saltati tutti sul tetto di gioia se la Germania fosse riuscita a garantire un nuovo Trattato di Versailles. Tuttavia, quel riconoscimento arrivò troppo tardi, quando i tedeschi erano riusciti da tempo a convincere molte persone nei paesi vittoriosi che potevano rinnegare, Le infinite lamentele sulla presunta severità del trattato di pace del 1919 colpirono anche la popolazione ei leader politici di entrambi i paesi. Uno dei generali tedeschi catturati in Tunisia nel maggio 1943 fu registrato nel febbraio 1944 dicendo ad altri generali imprigionati che sarebbero saltati tutti sul tetto di gioia se la Germania fosse riuscita a garantire un nuovo Trattato di Versailles. Tuttavia, quel riconoscimento arrivò troppo tardi, quando i tedeschi erano riusciti da tempo a convincere molte persone nei paesi vittoriosi che potevano rinnegare, Le infinite lamentele sulla presunta severità del trattato di pace del 1919 colpirono anche la popolazione ei leader politici di entrambi i paesi. Uno dei generali tedeschi catturati in Tunisia nel maggio 1943 fu registrato nel febbraio 1944 dicendo ad altri generali imprigionati che sarebbero saltati tutti sul tetto di gioia se la Germania fosse riuscita a garantire un nuovo Trattato di Versailles. Tuttavia, quel riconoscimento arrivò troppo tardi, quando i tedeschi erano riusciti da tempo a convincere molte persone nei paesi vittoriosi che potevano rinnegare,

Con la Germania sempre più allineata con l'Italia e il Giappone, il Regno Unito si sentiva sempre meno desideroso di confrontarsi con il paese. Le minacce all'Impero britannico e al Commonwealth delle Nazioni in tutto il mondo hanno richiesto cautela in Europa, nonché nel Mediterraneo e nell'Asia orientale. Allo stesso tempo, aspre divisioni interne indebolirono la posizione della Francia, che fu privata del sostegno che gli Stati Uniti e il Regno Unito avevano promesso in cambio del permesso alla Renania di rimanere parte della Germania. Nel marzo 1936, quando i tedeschi ruppero l'altra parte di quell'accordo e rimilitarono la regione, il governo francese decise che non avrebbe ancora risposto con un'azione militare nonostante ciò.

Nel marzo del 1938, quando Hitler ordinò all'esercito tedesco di entrare in Austria, nessun paese era disposto a combattere per l'indipendenza di un popolo che, come mostravano immagini e resoconti, era felice di perderlo. Gli austriaci avrebbero dovuto essere tedeschi per sette anni per scoprire che non erano affatto tedeschi. Tuttavia, l'annessione dell'Austria ha avuto diversi effetti immediati significativi. Il sostegno di cui godeva Hitler in Germania crebbe ancora di più; il Paese ha acquisito importanti asset economici, nonché nuovi confini diretti con l'Italia, l'Ungheria e la Jugoslavia; e la minaccia tedesca alla Cecoslovacchia aumentò enormemente.

La crisi sulla Cecoslovacchia

Hitler sperava di invadere la Cecoslovacchia nell'autunno del 1938 e di impadronirsi di quasi tutto il paese, forse lasciando la sua provincia più orientale all'Ungheria e una piccola area alla Polonia. La geografia e la propaganda avrebbero il compito di prevenire l'intervento straniero e di mantenere isolata questa guerra, la prima di quelle che intendeva intraprendere. L'aspetto geografico era chiaro da una mappa dell'Europa: ad eccezione di un piccolo confine con la Romania, tutti i paesi che circondavano la Cecoslovacchia erano suoi nemici. L'aspetto propagandistico era la presenza in Cecoslovacchia di circa tre milioni di tedeschi, la maggior parte dei quali viveva nelle zone di confine della regione boema. Se si potesse concentrare sufficiente attenzione sulla presunta sofferenza di questa minoranza e i suoi membri fossero incoraggiati a causare un certo numero di incidenti violenti, l'invasione del paese da parte della Germania sarebbe percepita come una meritata punizione in cui nessuno cercherebbe di interferire. Del resto i confini erano stati tracciati secondo le preferenze delle varie popolazioni; il fatto che, nel processo, lo stato cecoslovacco sia finito per scomparire era qualcosa che, secondo Hitler, sarebbe avvenuto troppo tardi perché qualcuno potesse impedirlo.

La campagna di propaganda tedesca ha funzionato molto bene, anche se alla fine ha avuto un effetto indesiderato. Il governo britannico ha esortato la leadership cecoslovacca a fare ampie concessioni alla minoranza tedesca nello stesso momento in cui Hitler ha detto loro di non smettere di fare richieste. Nel luglio 1938, il governo francese informò segretamente i cechi che la Francia non poteva permettersi di entrare in guerra per la questione della minoranza tedesca; e i Dominion of Canada, l'Unione del Sud Africa e l'Australia hanno comunicato avvertimenti simili a Londra. Il primo ministro britannico Neville Chamberlain ha continuato a sperare che la guerra potesse essere evitata se Praga avesse fatto determinate concessioni; e sebbene Winston Churchill abbia pubblicamente criticato tale approccio, ha riconosciuto in via confidenziale alle autorità cecoslovacche che, se fosse al potere,

Quando sembrava che i tedeschi stessero per attaccare, Chamberlain insistette per volare in Germania. Hitler, che era ancora determinato ad andare in guerra, non poteva rifiutarsi di ricevere il Primo Ministro britannico. Sperando che le sue richieste non sarebbero state soddisfatte, insistette affinché la Cecoslovacchia consegnasse alla Germania le aree di confine dove viveva la minoranza tedesca e dove si trovavano le fortificazioni difensive del paese. Con sorpresa e delusione del leader tedesco, Chamberlain riuscì a convincere Praga ad accettare tale richiesta e gliela comunicò in un secondo incontro. Tuttavia, quando Hitler, che voleva a tutti i costi evitare una soluzione pacifica, avanzò una nuova serie di richieste, I governi britannico e francese hanno capito che ciò che la Germania stava cercando era una scusa per entrare in guerra e hanno mobilitato i loro eserciti per chiarire che se la Germania avesse attaccato, lo avrebbero fatto anche loro. In questo contesto, e informato che l'opinione pubblica tedesca preferiva ancora la pace, Hitler rispose alla mediazione di Mussolini - il cui paese non era in grado di intervenire in un conflitto di grandi proporzioni dopo la guerra per conquistare l'Abissinia (Etiopia) e l'aiuto da lui ha continuato a offrire all'esercito nazionalista di Francisco Franco nella guerra civile spagnola, e ha annullato l'invasione della Cecoslovacchia e ha accettato un terzo incontro a Monaco, dove si stabilì per quello che era il suo obiettivo apparente, non il suo vero obiettivo.

La Germania inizia la seconda guerra mondiale

L'accordo di Monaco, in base al quale l'area di confine boema e la sua popolazione prevalentemente tedesca divennero parte della Germania, è spesso visto come una resa all'aggressione tedesca. Tuttavia, mentre il mondo tirava un sospiro di sollievo per il fatto che un nuovo conflitto fosse stato evitato, ciò offendeva terribilmente Hitler, che arrivò a considerare quello che era successo come il peggior errore della sua carriera. A torto oa ragione, credeva che andare in guerra in quel momento sarebbe stato meglio per la Germania, e così decise non solo di andare in guerra l'anno successivo, il 1939, ma di farlo in modo tale che nessuno potesse fregarlo fuori di esso. (che è ciò che pensava che Chamberlain avesse fatto nel 1938). Avrebbe colto il resto della Cecoslovacchia alla prima occasione, quella che la stessa Germania avrebbe contribuito a creare; fomenterebbe la psicosi di guerra nell'opinione pubblica tedesca; e poi avrebbe lanciato la guerra contro le potenze occidentali che, a suo avviso, era un prerequisito per la successiva invasione dell'Unione Sovietica. Affinché la Germania potesse concentrare in sicurezza le sue forze a ovest, era necessario subordinare i vicini orientali del paese. Nell'inverno 1938-1939 tale subordinazione era un fatto nel caso dell'Ungheria e della Lituania, ma non in quello della Polonia.

I leader della Polonia recuperata erano pronti a fare concessioni alla Germania in un serio negoziato. Erano disposti a facilitare il transito tra la Germania continentale e la Prussia orientale e anche dal territorio della Città Libera di Danzica in modo tale che la città stessa passasse in mano tedesca, ma non avrebbero subordinato l'intero paese a loro. i dettami della Germania. Sebbene fossero consapevoli della debolezza del paese, situato tra una Germania ostile e un'Unione Sovietica altrettanto ostile, erano determinati a combattere piuttosto che rinunciare alla loro indipendenza. Questa posizione della Polonia ha coinciso con un cambiamento nelle politiche di Francia e Regno Unito.

L'evidente insoddisfazione della Germania per l'annessione di parte della Cecoslovacchia, in teoria la sua ultima richiesta, portò Parigi e Londra ad adottare una nuova prospettiva. In inverno, le voci di un possibile attacco tedesco a Paesi Bassi, Romania e Polonia hanno innescato un cambiamento in cui entrambi i governi hanno concluso che se la Germania avesse attaccato un paese che avesse scelto di difendersi, sia nell'Europa occidentale che nell'Europa orientale, sarebbe dovuto venire per aiutarlo. Questo punto di vista si rafforzò nel marzo del 1939, quando la Germania invase l'area centrale e più importante della Cecoslovacchia e si dimostrò che la minoranza tedesca all'interno del territorio ceco non era ciò che realmente interessava Berlino. Questo passo ha rafforzato la volontà delle due potenze occidentali di prepararsi ad affrontare la prossima aggressione tedesca se la vittima avesse deciso di reagire. Con tale delibera adottata, il Regno Unito ha approvato la prima politica di reclutamento in tempo di pace della sua storia. Dopo la seconda guerra mondiale, gli alleati avrebbero acconsentito al trasferimento forzato della minoranza tedesca dalla Cecoslovacchia al territorio tedesco. Coloro che nel 1939 avevano gridato Heim ins Reich (casa nel Reich) avrebbero poi visto il loro desiderio realizzato in un modo che non avevano previsto. gli Alleati acconsentirebbero al trasferimento forzato della minoranza tedesca dalla Cecoslovacchia al territorio tedesco. Coloro che nel 1939 avevano gridato Heim ins Reich (casa nel Reich) avrebbero poi visto il loro desiderio realizzato in un modo che non avevano previsto. gli Alleati acconsentirebbero al trasferimento forzato della minoranza tedesca dalla Cecoslovacchia al territorio tedesco. Coloro che nel 1939 avevano gridato Heim ins Reich (casa nel Reich) avrebbero poi visto il loro desiderio realizzato in un modo che non avevano previsto.

Sebbene Hitler sperasse di condurre una campagna isolata contro la Polonia, il necessario preludio alla guerra contro la Francia e il Regno Unito, era pronto a ingaggiare questi tre paesi contemporaneamente e pianificò l'invasione della Polonia per l'autunno in previsione che l'inverno avrebbe ritardato qualsiasi grande rappresaglia da ovest. D'altra parte, vedeva nell'alleanza pubblica con l'Italia e nei negoziati con il Giappone un modo per scoraggiare l'intervento di entrambe le potenze occidentali. Tuttavia, gli scontri con l'Armata Rossa al confine tra lo stato fantoccio di Manchukuo e lo stato cliente sovietico della Mongolia (il cosiddetto incidente di Nomonhan o battaglia di Khalkin-Gol) resero i giapponesi riluttanti a impegnarsi in quel momento.

Le relazioni tra la Germania e l'Unione Sovietica erano state buone prima che Hitler salisse al potere, e da allora Stalin aveva ripetutamente cercato di riportarle ad esserlo, ma fino all'estate del 1938-1939 il leader tedesco aveva rifiutato sforzi come l'Unione Sovietica non aveva confini comuni né con l'Austria né con la Cecoslovacchia. Adesso, invece, la situazione era diversa. Proprio come Hitler credeva nell'inferiorità razziale dei popoli slavi, che era convinto che la Germania potesse facilmente schiacciare al momento giusto, Stalin credeva che il fascismo fosse una fase del capitalismo, che fosse conveniente per l'Unione Sovietica che gli stati capitalisti combattersi e che l'espansionismo agrario delle dottrine naziste non era altro che una facciata per i veri obiettivi di un regime subordinato agli interessi economici in cerca di mercati e profitti. Ignorando l'avvertimento del presidente degli Stati Uniti Franklin Roosevelt che una Germania vittoriosa nell'Europa occidentale si sarebbe poi rivolta contro l'Unione Sovietica e gli Stati Uniti, Stalin utilizzò i negoziati pubblicamente annunciati per un'alleanza con il Regno Unito e la Francia per impegnarsi in negoziati segreti con la Germania. Germania. Poiché Hitler alla fine sperava di mantenere tutto ciò che aveva ceduto all'Unione Sovietica e ancor di più una volta che la Francia e il Regno Unito fossero stati schiacciati, era pronto a offrire a Stalin tutto ciò che voleva. Nell'agosto del 1939, quando il ministro degli Esteri tedesco Joachim von Ribbentrop si recò a Mosca per firmare un patto di non aggressione e un protocollo segreto che divideva l'Europa orientale come concordato nei contatti diplomatici, fu autorizzato a cedere anche più di quanto avesse alla fine. chiese Stalin. Gli accordi firmati a Mosca il 23 agosto sono stati preceduti da un trattato economico che garantiva alla Germania un mezzo per rompere qualsiasi blocco occidentale e un partner nella distruzione della Polonia. era autorizzato a cedere anche più di quanto alla fine Stalin avesse chiesto. Gli accordi firmati a Mosca il 23 agosto sono stati preceduti da un trattato economico che garantiva alla Germania un mezzo per rompere qualsiasi blocco occidentale e un partner nella distruzione della Polonia. era autorizzato a cedere anche più di quanto alla fine Stalin avesse chiesto. Gli accordi firmati a Mosca il 23 agosto sono stati preceduti da un trattato economico che garantiva alla Germania un mezzo per rompere qualsiasi blocco occidentale e un partner nella distruzione della Polonia. era autorizzato a cedere anche più di quanto alla fine Stalin avesse chiesto. Gli accordi firmati a Mosca il 23 agosto sono stati preceduti da un trattato economico che garantiva alla Germania un mezzo per rompere qualsiasi blocco occidentale e un partner nella distruzione della Polonia. era autorizzato a cedere anche più di quanto alla fine Stalin avesse chiesto. Gli accordi firmati a Mosca il 23 agosto sono stati preceduti da un trattato economico che garantiva alla Germania un mezzo per rompere qualsiasi blocco occidentale e un partner nella distruzione della Polonia. era autorizzato a cedere anche più di quanto alla fine Stalin avesse chiesto. Gli accordi firmati a Mosca il 23 agosto sono stati preceduti da un trattato economico che garantiva alla Germania un mezzo per rompere qualsiasi blocco occidentale e un partner nella distruzione della Polonia. era autorizzato a cedere anche più di quanto alla fine Stalin avesse chiesto. Gli accordi firmati a Mosca il 23 agosto sono stati preceduti da un trattato economico che garantiva alla Germania un mezzo per rompere qualsiasi blocco occidentale e un partner nella distruzione della Polonia.

Quando Hitler venne a sapere che era stato raggiunto un accordo a Mosca, ordinò l'invasione della Polonia. Avvertito da Chamberlain che il Regno Unito avrebbe onorato il suo impegno nei confronti della Polonia, ha rinviato l'invasione di alcuni giorni in un ultimo disperato tentativo di dissuadere Londra, ma alla fine ha lanciato l'attacco. Questa volta si era assicurato che la Germania non potesse essere coinvolta in colloqui di pace di alcun tipo, come credeva fosse accaduto nel 1938. Allo stesso modo, a differenza della Cecoslovacchia, non erano in corso negoziati dettagliati con la Polonia e l'ultimo, presumibilmente moderato, chiede che La Germania prodotta sul paese è stata annunciata solo per garantire il sostegno dell'opinione pubblica tedesca, ma anche allora sono state tenute segrete fino a quando non è stato possibile dichiararle scadute.

La preoccupazione di Hitler non era necessaria. Il governo britannico, che aveva appena firmato un'alleanza formale con la Polonia, ha emesso un ultimatum alla Germania per ritirare le forze d'invasione e ha dichiarato guerra quando, come previsto, quel ritiro non ha avuto luogo. Poche ore dopo la Francia ha proceduto in modo simile. Canada, Australia e Nuova Zelanda dichiararono guerra alla Germania, e così, dopo un breve intervallo, l'Unione del Sud Africa. In India il governo coloniale dichiarò guerra mentre l'Irlanda annunciò che sarebbe rimasta neutrale. L'impero coloniale francese fu automaticamente coinvolto nel conflitto e, sebbene Mussolini non fosse ancora pronto a unirsi alla parte tedesca, era chiaro che una nuova guerra mondiale si stava avvicinando.

Due

Inizia la seconda guerra mondiale

Invasioni della Polonia

Non appena si rese conto che non sarebbe stato in grado di separare le potenze occidentali dalla Polonia, Hitler ordinò l'inizio della guerra anche se il suo calendario prevedeva un altro giorno di negoziati. Non c'era una dichiarazione formale di guerra. Nelle prime ore del mattino del 1 settembre 1939, i bombardieri tedeschi effettuarono un attacco terroristico alla città polacca di Wieluń, dove perquisirono l'ospedale e mitragliarono i residenti, uccidendo circa 1.200 civili. Presto altre città polacche subirono attacchi simili e alla richiesta del presidente Roosevelt di salvare la vita civile, i tedeschi risposero lanciando una bomba sul terreno dell'ambasciata americana a Varsavia.

A causa delle discussioni degli anni precedenti sulla responsabilità della guerra del 1914, in cui si prestava molta attenzione alla sequenza delle mobilitazioni, il governo polacco si era astenuto dal mobilitare le sue truppe. Il piano anti-invasione, basato sulla difesa di vaste aree del paese, disperse troppo le forze polacche, che non furono in grado di fermare l'avanzata dei tedeschi nei luoghi dove attaccarono. Supportate dal supporto tattico aereo, le colonne corazzate penetrarono rapidamente in vari punti, con la fanteria tedesca che avanzava a fianco o immediatamente dietro i carri armati. In alcuni punti le unità polacche combatterono abbastanza bene da rallentare l'avanzata tedesca, ma le colonne tedesche si preoccuparono di annullare tali situazioni evitando i difensori (Mappa 1).

È necessario evidenziare diversi aspetti dell'offensiva tedesca in Polonia. Mentre l'uso di massa di armature supportate dall'aria ha contribuito alla velocità con cui le truppe hanno sfondato e all'avanzata complessiva, l'usura di questa attrezzatura a causa del terreno e delle cattive condizioni della strada e dell'aeroporto era considerevole, un fatto che i capi militari tedeschi non ha tenuto conto durante la preparazione dell'invasione dell'Unione Sovietica. Le forze tedesche facevano molto affidamento sui cavalli per tutti i mezzi di trasporto, dal trasporto dell'artiglieria al trasporto dei feriti, cosa che era nascosta nei film di propaganda dell'epoca, che invece mettevano in risalto la motorizzazione dell'esercito. Tedesco ben oltre la realtà. Prima dell'attacco fu dato l'ordine di uccidere il clero polacco e l'élite del paese in generale, poiché l'obiettivo finale era quello di sostituire l'intera popolazione con coloni tedeschi e, quindi, i potenziali organizzatori della guerra dovevano essere eliminati il più rapidamente possibile. resistenza. Allo stesso modo, le forze armate tedesche iniziarono la loro discesa verso un coinvolgimento sempre maggiore in quello che sarebbe diventato un genocidio, uccidendo un gran numero di civili polacchi e un numero considerevole di ebrei. Nella campagna di Polonia vi furono chiare eccezioni a questa pratica e alcuni militari sollevarono serie obiezioni al riguardo. Tali casi sono stati portati all'attenzione dei leader tedeschi, il che avrebbe portato a nuovi e ulteriori approcci utilizzati in seguito. poiché l'obiettivo finale era quello di sostituire l'intera popolazione con coloni tedeschi e quindi i potenziali organizzatori di resistenza dovevano essere eliminati il più rapidamente possibile. Allo stesso modo, le forze armate tedesche iniziarono la loro discesa verso un coinvolgimento sempre maggiore in quello che sarebbe diventato un genocidio, uccidendo un gran numero di civili polacchi e un numero considerevole di ebrei. Nella campagna di Polonia, c'erano chiare eccezioni a questa pratica e alcuni militari hanno sollevato serie obiezioni al riguardo. Tali casi sono stati portati all'attenzione dei leader tedeschi, il che avrebbe portato a nuovi e ulteriori approcci utilizzati in seguito. poiché l'obiettivo finale era quello di sostituire l'intera popolazione con coloni tedeschi e quindi i potenziali organizzatori di resistenza dovevano essere eliminati il più rapidamente possibile. Allo stesso modo, le forze armate tedesche iniziarono la loro discesa verso un coinvolgimento sempre maggiore in quello che sarebbe diventato un genocidio, uccidendo un gran numero di civili polacchi e un numero considerevole di ebrei. Nella campagna di Polonia, c'erano chiare eccezioni a questa pratica e alcuni militari sollevarono serie obiezioni al riguardo. Tali casi sono stati portati all'attenzione dei leader tedeschi, il che avrebbe portato a nuovi e ulteriori approcci utilizzati in seguito. Allo stesso modo, le forze armate tedesche iniziarono la loro discesa verso un coinvolgimento sempre maggiore in quello che sarebbe diventato un genocidio, uccidendo un gran numero di civili polacchi e un numero considerevole di ebrei. Nella campagna di Polonia, c'erano chiare eccezioni a questa pratica e alcuni militari hanno sollevato serie obiezioni al riguardo. Tali casi sono stati portati all'attenzione dei leader tedeschi, il che avrebbe portato a nuovi e ulteriori approcci utilizzati in seguito. Allo stesso modo, le forze armate tedesche iniziarono la loro discesa verso un coinvolgimento sempre maggiore in quello che sarebbe diventato un genocidio, uccidendo un gran numero di civili polacchi e un numero considerevole di ebrei. Nella campagna di Polonia, c'erano chiare eccezioni a questa pratica e alcuni militari hanno sollevato serie obiezioni al riguardo. Tali casi sono stati portati all'attenzione dei leader tedeschi, il che avrebbe portato a nuovi e ulteriori approcci utilizzati in seguito.

Fin dai primi giorni della guerra, il governo tedesco ha esortato l'Unione Sovietica a invadere la Polonia orientale. Mosca inizialmente si è trattenuta, in parte per motivi politici e in parte perché continuava a combattere le forze giapponesi a Nomonhan. Tuttavia, non appena fu raggiunto un accordo per porre fine alle ostilità con i giapponesi sconfitti, l'Armata Rossa iniziò l'offensiva nella Polonia orientale, proprio il luogo in cui i polacchi speravano di resistere durante l'inverno. Sebbene con ciò il destino della Polonia indipendente fosse segnato, la partecipazione del Paese alla guerra non finì qui. Con le opportune cerimonie, le truppe tedesche e sovietiche avanzarono fino ai confini stipulati nell'accordo segreto; e i sovietici consegnarono i prigionieri di guerra tedeschi che avevano rilasciato ai tedeschi con molta più diligenza e cura di quella che avrebbero usato per restituire i prigionieri di guerra britannici e americani rilasciati nel 1945. Tuttavia, diverse navi da guerra polacche fuggirono e si unirono agli alleati e molti Anche i soldati polacchi sono riusciti a fuggire. Alcuni specialisti dello spionaggio riuscirono a farsi strada in Occidente ea fornire agli inglesi e ai francesi, poco prima della guerra, informazioni critiche per la decrittazione della macchina Enigma, il dispositivo di cifratura tedesco. Un governo in esilio si trasferì a Londra per rappresentare gli interessi polacchi tra gli alleati e ottenne il riconoscimento dal Regno Unito, dagli Stati Uniti e da molti altri paesi. e c'erano anche molti soldati polacchi che riuscirono a fuggire. Alcuni specialisti dello spionaggio riuscirono a farsi strada in Occidente ea fornire agli inglesi e ai francesi, poco prima della guerra, informazioni critiche per la decrittazione della macchina Enigma, il dispositivo di cifratura tedesco. Un governo in esilio si trasferì a Londra per rappresentare gli interessi polacchi tra gli alleati e ottenne il riconoscimento dal Regno Unito, dagli Stati Uniti e da molti altri paesi. e c'erano anche molti soldati polacchi che riuscirono a fuggire. Alcuni specialisti dello spionaggio riuscirono a farsi strada in Occidente ea fornire agli inglesi e ai francesi, poco prima della guerra, informazioni critiche per la decrittazione della macchina Enigma, il dispositivo di cifratura tedesco. Un governo in esilio si trasferì a Londra per rappresentare gli interessi polacchi tra gli alleati e ottenne il riconoscimento dal Regno Unito, dagli Stati Uniti e da molti altri paesi.

1. La campagna polacca

Un piccolo British Expeditionary Force (BEF) si unì alle forze francesi che erano state mobilitate e posizionate nelle fortificazioni di frontiera; tuttavia, non ci fu alcuna offensiva significativa per alleviare la pressione tedesca sulla Polonia. Le poche operazioni aeree organizzate erano strettamente limitate all'attacco di obiettivi militari e l'unica cosa che fu lanciata sulle città tedesche fu una pioggia di volantini. La situazione avrebbe cominciato a cambiare nel 1940, dopo che l'aviazione tedesca aveva portato a termine il suo programma di attacchi terroristici contro le città occidentali.

La Germania ha annesso formalmente sia la Città Libera di Danzica che una parte considerevole della Polonia. Per germanizzare questi territori, un gran numero di polacchi, che costituivano la maggioranza della popolazione, e molti ebrei sarebbero stati espulsi. I polacchi sarebbero stati portati nella parte centrale del vecchio paese, che, ora trasformato in una nuova unità denominata "Governo Generale" e sottoposto a stretto controllo, divenne la discarica per tutti coloro che venivano espulsi dalle loro case. In accordo con l'Unione Sovietica, la popolazione di discendenza e cultura tedesca dagli Stati baltici, e successivamente dalle parti della Romania annesse ai sovietici, fu trasferita in campi in Polonia sotto il controllo tedesco. Molte di queste persone sarebbero poi state installate nelle case dei polacchi che erano stati espulsi; altri, invece, marcirebbero per anni nei campi. Ciò che è importante notare qui, e nel contemporaneo trasferimento di molti tedeschi dalla parte dell'Alto Adige ceduta all'Italia dopo la guerra precedente, è l'alternativa tedesca al principio applicato dagli Alleati nel 1919. Invece di cercare di adattare i confini alla nazionalità della popolazione si tracciavano i confini a piacimento del vincitore e quindi la popolazione si adeguava alla nuova realtà. Sebbene gli Alleati avrebbero applicato questa stessa procedura ai tedeschi dopo la guerra, non avrebbero adottato una politica aggiuntiva attuata dai tedeschi nelle parti dell'Europa orientale che avevano conquistato. Chiamato Heuaktion, "Operazione Hay", è l'alternativa tedesca al principio applicato dagli Alleati nel 1919. Invece di cercare di adattare i confini alla nazionalità della popolazione, i confini sono stati tracciati a piacimento del vincitore e quindi la popolazione è stata adattata alla nuova realtà. Sebbene gli Alleati avrebbero applicato questa stessa procedura ai tedeschi dopo la guerra, non avrebbero adottato una politica aggiuntiva attuata dai tedeschi nelle parti dell'Europa orientale che avevano conquistato. Chiamato Heuaktion, "Operazione Hay", è l'alternativa tedesca al principio applicato dagli Alleati nel 1919. Invece di cercare di adattare i confini alla nazionalità della popolazione, i confini sono stati tracciati a piacimento del vincitore e quindi la popolazione è stata adattata alla nuova realtà. Sebbene gli Alleati avrebbero applicato questa stessa procedura ai tedeschi dopo la guerra, non avrebbero adottato una politica aggiuntiva attuata dai tedeschi nelle parti dell'Europa orientale che avevano conquistato. Chiamato Heuaktion, "Operazione Hay", non avrebbero adottato una politica aggiuntiva attuata dai tedeschi nelle parti dell'Europa orientale che hanno conquistato. Chiamato Heuaktion, "Operazione Hay", non avrebbero adottato una politica aggiuntiva attuata dai tedeschi nelle parti dell'Europa orientale che hanno conquistato. Chiamato Heuaktion, "Operazione Hay",

La guerra in mare

Gli oceani, sia sopra che sotto la superficie, erano un'arena in cui i combattimenti tra Germania e Alleati iniziarono nel settembre 1939 e continuarono fino alla resa tedesca nel maggio 1945. Prima dell'inizio delle ostilità, i tedeschi avevano sparpagliato per il mondo alcuni delle sue navi da guerra e ausiliarie (navi mercantili convertite in navi militari), e ora queste iniziarono ad attaccare le navi mercantili degli Alleati. Nuove navi sarebbero state aggiunte a questa flotta negli anni successivi. Un episodio spettacolare in questo processo fu la battaglia tra la corazzata tascabile tedesca Graf Spee e tre incrociatori britannici al largo delle coste dell'Argentina e dell'Uruguay nel dicembre 1939, in cui gli incrociatori furono danneggiati mentre il Graf Spee riuscì a scivolare via. I sottomarini tedeschi iniziarono ad affondare un numero considerevole di navi, una campagna iniziata in modo spettacolare con l'affondamento della nave passeggeri Athenia il 3 settembre 1939. Gli inglesi ricorsero a un sistema di convogli più rapidamente rispetto al conflitto precedente. , ma da allora in poi le sorti della "Battaglia dell'Atlantico", come venne chiamata, oscillarono costantemente. Da parte britannica, decifrare il codice navale tedesco era talvolta utile per guidare navi e convogli lontano dalle posizioni degli U-Boot tedeschi. Questi erano spesso organizzati in gruppi che riferivano e ricevevano istruzioni via radio dal loro quartier generale a terra. Dopo aver avvistato un convoglio, il sottomarino di testa ha chiamato gli altri membri del gruppo per organizzare un attacco combinato. Quei messaggi radio potrebbero essere intercettati, ma ovviamente anche i messaggi navali inviati e ricevuti dai convogli britannici. Forse è meglio generalizzare e dire che fino al 1943 la capacità di cracking dei tedeschi era a volte superiore a quella degli inglesi, mentre da quell'anno gli inglesi, con l'aiuto degli americani, erano davanti agli inglesi. tedeschi fino alla fine della guerra. Lo sviluppo di un cercatore di direzione radio a corto raggio, noto come "Huff-Duff", è stato un altro importante contributo alla campagna di difesa navale alleata, che ha beneficiato anche del maggiore coinvolgimento della Marina canadese e, più tardi, dei vettori di scorta forniti dagli Stati Uniti. Velivoli a lungo raggio e, in misura minore, Lo sviluppo di un cercatore di direzione radio a corto raggio, noto come "Huff-Duff", è stato un altro importante contributo alla campagna di difesa navale alleata, che ha beneficiato anche del maggiore coinvolgimento della Marina canadese e, più tardi, dei vettori di scorta forniti dagli Stati Uniti. Velivoli a lungo raggio e, in misura minore, Lo sviluppo di un cercatore di direzione radio a corto raggio, noto come "Huff-Duff", è stato un altro importante contributo alla campagna di difesa navale alleata, che ha beneficiato anche del maggiore coinvolgimento della Marina canadese e, più tardi, dei vettori di scorta forniti dagli Stati Uniti. Velivoli a lungo raggio e, in misura minore,

La campagna navale tedesca ebbe altre due forme di supporto degne di nota. A volte venivano usati aerei a lungo raggio per trovare navi e convogli che i sottomarini avevano difficoltà a localizzare. Questi aerei attaccarono anche le navi, siano esse mercantili o navi di scorta. L'altra forma di aiuto era quella proveniente, nei primi anni di guerra, dall'Unione Sovietica. Proprio come Stalin non si rendeva conto che aiutando i tedeschi a cacciare gli alleati fuori dal continente, prima a nord, poi a ovest e poi a sud, sarebbe stato lasciato solo contro i tedeschi a est, così non era in grado di prevedere che le navi alleate che i tedeschi affondarono con l'aiuto dei sovietici non sarebbero emerse dal fondo del mare per trasportare rifornimenti all'Unione Sovietica una volta che la Germania avesse deciso di attaccarla. Al tempo, in cambio di alcune attrezzature navali e di un incrociatore incompiuto, il leader sovietico permise ai tedeschi di utilizzare il porto di Murmansk per le loro attività, fornì alla marina tedesca una base nell'Oceano Artico a ovest di Murmansk e autorizzò che un incrociatore ausiliario tedesco utilizzasse la rotta del mare settentrionale, che corre lungo la costa della Siberia, per raggiungere l'Oceano Pacifico e vi affondare le navi alleate. Ancora più importante per lo sforzo bellico tedesco era la fornitura di grandi quantità di forniture chiave come petrolio e metalli non ferrosi e il trasporto ferroviario di gomma e altri materiali essenziali dall'Asia orientale, una collaborazione che sarebbe terminata solo quando la Germania avrebbe lanciato l'invasione dell'Unione Sovietica. il leader sovietico permise ai tedeschi di utilizzare il porto di Murmansk per le loro attività, fornì alla marina tedesca una base nell'Oceano Artico a ovest di Murmansk e autorizzò un incrociatore ausiliario tedesco a utilizzare la rotta del mare settentrionale, che corre lungo la costa della Siberia, per raggiungere l'Oceano Pacifico e affondarvi le navi alleate. Ancora più importante per lo sforzo bellico tedesco era la fornitura di grandi quantità di forniture chiave come petrolio e metalli non ferrosi e il trasporto ferroviario di gomma e altri materiali essenziali dall'Asia orientale, una collaborazione che sarebbe terminata solo quando la Germania avrebbe lanciato l'invasione dell'Unione Sovietica. il leader sovietico permise ai tedeschi di utilizzare il porto di Murmansk per le loro attività, fornì alla marina tedesca una base nell'Oceano Artico a ovest di Murmansk e autorizzò un incrociatore ausiliario tedesco a utilizzare la rotta del mare settentrionale, che corre lungo la costa di Siberia, raggiungere l'Oceano Pacifico e affondarvi le navi alleate. Ancora più importante per lo sforzo bellico tedesco era la fornitura di grandi quantità di forniture chiave come petrolio e metalli non ferrosi e il trasporto ferroviario di gomma e altri materiali essenziali dall'Asia orientale, una collaborazione che sarebbe terminata solo quando la Germania avrebbe lanciato l'invasione dell'Unione Sovietica. fornì alla marina tedesca una base nell'Oceano Artico a ovest di Murmansk e autorizzò un incrociatore ausiliario tedesco a utilizzare la rotta del mare settentrionale, che corre lungo la costa della Siberia, per raggiungere l'Oceano Pacifico e affondarvi le navi alleate. Ancora più importante per lo sforzo bellico tedesco era la fornitura di grandi quantità di forniture chiave come petrolio e metalli non ferrosi e il trasporto ferroviario di gomma e altri materiali essenziali dall'Asia orientale, una collaborazione che sarebbe finita solo quando la Germania avrebbe lanciato l'invasione dell'Unione Sovietica. fornì alla marina tedesca una base nell'Oceano Artico a ovest di Murmansk e autorizzò un incrociatore ausiliario tedesco a utilizzare la rotta del mare settentrionale, che corre lungo la costa della Siberia, per raggiungere l'Oceano Pacifico e affondarvi le navi alleate. Ancora più importante per lo sforzo bellico tedesco era la fornitura di grandi quantità di forniture chiave come petrolio e metalli non ferrosi e il trasporto ferroviario di gomma e altri materiali essenziali dall'Asia orientale, una collaborazione che sarebbe terminata solo quando la Germania avrebbe lanciato l'invasione dell'Unione Sovietica. che corre lungo la costa della Siberia, per raggiungere l'Oceano Pacifico e vi affondare le navi alleate. Ancora più importante per lo sforzo bellico tedesco era la fornitura di grandi quantità di forniture chiave come petrolio e metalli non ferrosi e il trasporto ferroviario di gomma e altri materiali essenziali dall'Asia orientale, una collaborazione che sarebbe terminata solo quando la Germania avrebbe lanciato l'invasione dell'Unione Sovietica. che corre lungo la costa della Siberia, per raggiungere l'Oceano Pacifico e vi affondare le navi alleate. Ancora più importante per lo sforzo bellico tedesco era la fornitura di grandi quantità di forniture chiave come petrolio e metalli non ferrosi e il trasporto ferroviario di gomma e altri materiali essenziali dall'Asia orientale, una collaborazione che sarebbe terminata solo quando la Germania avrebbe lanciato l'invasione dell'Unione Sovietica.

Mentre è probabile che il sostegno fornito dai sovietici alla campagna navale tedesca abbia contribuito alle obiezioni che l'ufficiale in comando della marina, l'ammiraglio Raeder, avrebbe poi sollevato contro l'attacco all'Unione Sovietica, c'erano altre due misure per la guerra marittima . che ha sostenuto Adolf Hitler durante l'inverno 1939-1940. A partire dall'ottobre 1939, sostenne l'affondamento sistematico delle navi americane. Condividendo la convinzione generale della leadership tedesca che gli Stati Uniti avessero svolto un ruolo insignificante nell'ultima guerra, era pronto a riprendere le ostilità con quel paese se ciò avesse semplificato la situazione per i sottomarini tedeschi, che sarebbero stati quindi autorizzati ad affondare semplicemente qualunque nave che hanno trovato. Per il momento, però, Hitler non glielo permise. Fino a quando la Germania non avesse costruito una marina in grado di affrontare la marina statunitense o non avesse avuto un alleato con una forza simile, preferì non incoraggiare gli americani a usare il loro potenziale militare. Nell'estate del 1940, la prima mossa di Hitler dopo la vittoria in Occidente sarebbe stata quella di ordinare la costruzione della marina d'alto mare per la ripresa della guerra contro gli Stati Uniti, ma nel frattempo preferì lasciare in pace gli americani.

L'invasione tedesca della Danimarca e della Norvegia

L'altra misura per cui l'ammiraglio Raeder ha spinto è stata l'occupazione della Norvegia e la cattura della Danimarca per facilitare le comunicazioni e fornire alla marina tedesca un migliore accesso all'Atlantico. La cattura di basi in Norvegia per la guerra contro il Regno Unito aveva interessato la Marina tedesca nella prima guerra mondiale e rimase una priorità negli anni tra le due guerre. Lo stesso Hitler considerava questo un passo cruciale nella lotta contro gli inglesi. Un ulteriore vantaggio dell'occupazione della Norvegia era che il controllo delle acque al largo della costa norvegese garantiva la sicurezza delle spedizioni di ferro dalla Svezia in inverno, quando gran parte del Mar Baltico si gelava (la Germania dipendeva dalle importazioni di ferro). ferro svedese, che rappresentava il 40% del suo fabbisogno di minerale). Hitler autorizzò i preparativi per l'operazione e rimase fedele alla sua decisione anche quando alcuni membri dell'alto comando della marina espressero dubbi al riguardo. Fin dall'inizio si pensava che la Norvegia sarebbe diventata una parte permanente della Germania, la cui marina avrebbe avuto un'importante base navale a Trondheim, che sarebbe stata trasformata in una città tedesca e collegata alla Germania continentale da una superstrada.

Hitler avrebbe preferito di gran lunga attaccare a ovest attraverso i Paesi Bassi, il Belgio e il Lussemburgo nel tardo autunno del 1939, ma una combinazione di difficoltà tecniche in seguito alla campagna di Polonia, alcune obiezioni all'interno dell'esercito e, principalmente, problemi con il tempo ha causato un certo numero di di rinvii. Per sostenere l'avanzata delle forze tedesche contro qualsiasi resistenza potesse essere offerta sia dai paesi neutrali invasi che dagli Alleati, ci si aspettava che l'aviazione fornisse un ampio supporto tattico e, in effetti, era stata progettata principalmente per svolgere quel ruolo. . Pertanto, i periodi di maltempo in inverno furono una causa significativa dei rinvii che avrebbero portato i tedeschi ad attaccare a nord piuttosto che a ovest.

Il concorso dell'inverno 1939-1940 che più attirò l'attenzione dei contemporanei fu quello tra l'Unione Sovietica e la Finlandia. Immediatamente dopo aver sconfitto la Polonia insieme ai tedeschi, l'Unione Sovietica costrinse tre stati del Mar Baltico, Estonia, Lettonia e Lituania, a consentirle di stazionare forze lì. Allo stesso tempo, alcune richieste territoriali e di altro tipo fatte alla Finlandia portarono a negoziati che i sovietici terminarono attaccando il paese il 30 novembre. Questo era un passo che Mosca aveva considerato in anticipo, ed era stato persino creato un governo fantoccio per il paese, che, si presumeva, sarebbe stato rapidamente conquistato. Tuttavia, la realtà si è rivelata diversa dalle aspettative dei sovietici. Sebbene nella parte più settentrionale del fronte l'Armata Rossa occupasse la costa finlandese sull'Oceano Artico, sia nella parte meridionale che in quella centrale incontrò una dura resistenza e subì alcune sconfitte locali. Nel febbraio 1940 un massiccio rinforzo permise ai sovietici di respingere i finlandesi sulla parte meridionale del fronte, un punto critico. Mediati dagli svedesi, i negoziati di pace hanno posto fine allo scontro a marzo. La Finlandia fu costretta a cedere il territorio all'Unione Sovietica nelle parti meridionali e centrali del confine e ad accettare una base navale sovietica nel sud-ovest; i sovietici, dal canto loro, dovettero ritirarsi dal territorio che avevano occupato a nord. Il governo fantoccio fu sciolto e non si stabilì mai nel territorio sottratto alla Finlandia. L'Unione Sovietica è stata espulsa dalla Società delle Nazioni e l'insieme degli eventi l'ha indubbiamente screditata notevolmente sulla scena internazionale. I tedeschi interpretarono la scarsa prestazione dell'Armata Rossa nelle prime fasi del conflitto come conferma della loro convinzione che si trattasse di una forza del tutto incompetente, e non badarono al fatto che i suoi membri avevano spesso continuato a combattere con determinazione nei più difficile di circostanze. avverso. La possibilità che gli inglesi potessero usare il sostegno ai finlandesi come scusa per occupare la Norvegia rafforzò il sostegno di Hitler alle argomentazioni dell'ammiraglio Raeder sulla necessità che la Germania invadesse la Norvegia. I tedeschi interpretarono la scarsa prestazione dell'Armata Rossa nelle prime fasi del conflitto come conferma della loro convinzione che si trattasse di una forza del tutto incompetente, e non badarono al fatto che i suoi membri avevano spesso continuato a combattere con determinazione nei più difficile di circostanze. avverso. La possibilità che gli inglesi potessero usare il sostegno ai finlandesi come scusa per occupare la Norvegia rafforzò il sostegno di Hitler alle argomentazioni dell'ammiraglio Raeder sulla necessità che la Germania invadesse la Norvegia. I tedeschi interpretarono lo scarso rendimento dell'Armata Rossa nelle prime fasi del conflitto come una conferma della loro convinzione che si trattasse di una forza del tutto incompetente, e non badarono al fatto che i suoi membri avevano spesso continuato a combattere con determinazione nei più difficile di circostanze. avverso. La possibilità che gli inglesi potessero usare il sostegno ai finlandesi come scusa per occupare la Norvegia rafforzò il sostegno di Hitler alle argomentazioni dell'ammiraglio Raeder sulla necessità che la Germania invadesse la Norvegia. s sostegno alle argomentazioni dell'ammiraglio Raeder sulla necessità che la Germania invada la Norvegia. I tedeschi interpretarono la scarsa prestazione dell'Armata Rossa nelle prime fasi del conflitto come conferma della loro convinzione che si trattasse di una forza del tutto incompetente, e non badarono al fatto che i suoi membri avevano spesso continuato a combattere con determinazione nei più difficile di circostanze. avverso. La possibilità che gli inglesi potessero usare il sostegno ai finlandesi come scusa per occupare la Norvegia rafforzò il sostegno di Hitler alle argomentazioni dell'ammiraglio Raeder sulla necessità che la Germania invadesse la Norvegia. s sostegno alle argomentazioni dell'ammiraglio Raeder sulla necessità che la Germania invada la Norvegia. I tedeschi interpretarono la scarsa prestazione dell'Armata Rossa nelle prime fasi del conflitto come conferma della loro convinzione che si trattasse di una forza del tutto incompetente, e non badarono al fatto che i suoi membri avevano spesso continuato a combattere con determinazione nei più difficile di circostanze. avverso. La possibilità che gli inglesi potessero usare il sostegno ai finlandesi come scusa per occupare la Norvegia rafforzò il sostegno di Hitler alle argomentazioni dell'ammiraglio Raeder sulla necessità che la Germania invadesse la Norvegia. I tedeschi interpretarono la scarsa prestazione dell'Armata Rossa nelle prime fasi del conflitto come conferma della loro convinzione che si trattasse di una forza del tutto incompetente, e non badarono al fatto che i suoi membri avevano spesso continuato a combattere con determinazione nei più difficile di circostanze. avverso. La possibilità che gli inglesi potessero usare il sostegno ai finlandesi come scusa per occupare la Norvegia rafforzò il sostegno di Hitler alle argomentazioni dell'ammiraglio Raeder sulla necessità che la Germania invadesse la Norvegia. I tedeschi interpretarono la scarsa prestazione dell'Armata Rossa nelle prime fasi del conflitto come conferma della loro convinzione che si trattasse di una forza del tutto incompetente, e non badarono al fatto che i suoi membri avevano spesso continuato a combattere con determinazione nei più difficile di circostanze. avverso. La possibilità che gli inglesi potessero usare il sostegno ai finlandesi come scusa per occupare la Norvegia rafforzò il sostegno di Hitler alle argomentazioni dell'ammiraglio Raeder sulla necessità che la Germania invadesse la Norvegia.

Il piano tedesco per l'invasione della Danimarca e della Norvegia era sia semplice che complicato. Era semplice nel senso che non prevedeva una dichiarazione di guerra: sarebbe stato lanciato un attacco a sorpresa contro due paesi neutrali, nessuno dei quali aveva partecipato alla guerra precedente. In Norvegia, navi da guerra e trasportatori di truppe trasporterebbero i soldati che, insieme ad alcuni paracadutisti, sarebbero incaricati di prendere rapidamente alcuni punti chiave; in Danimarca, invece, una nave con soldati entrerebbe semplicemente nel porto di Copenaghen, la capitale del Paese. Ai governi danese e norvegese sarebbe stato chiesto di arrendersi; se si fossero rifiutati di farlo, sarebbero stati schiacciati in combattimento. La parte complicata del piano era legata all'invasione della Norvegia. La lunghezza del paese' s costa necessariamente significava che gli assalti sarebbero avvenuti a notevoli distanze l'uno dall'altro. Ciò poneva due problemi. In primo luogo, la Germania avrebbe bisogno di quasi tutta la sua forza navale di superficie per trasportare e scortare le truppe verso le loro destinazioni, esponendole alla marina britannica, che si spera farebbe il possibile per ostacolare le operazioni. In secondo luogo, il porto di Narvik era particolarmente importante perché era il punto in cui terminava la ferrovia delle miniere di ferro svedesi, ma allo stesso tempo era il luogo più lontano dalle basi tedesche (mappa 2). Per quanto riguarda il primo problema, la marina tedesca dovrebbe semplicemente rischiare di entrare in battaglia con la marina britannica, che alla fine comporterebbe perdite molto maggiori del previsto. Per quanto riguarda il secondo, due fattori avrebbero dovuto facilitare il lavoro delle forze tedesche. A Narvik c'era un ufficiale norvegese che occupava una posizione importante e che simpatizzava con i tedeschi; questo ufficiale, un seguace del traditore Vidkun Quisling, avrebbe dovuto aiutare le forze tedesche ad atterrare in città. Inoltre, la base fornita dai sovietici sulla costa dell'Oceano Artico forniva ai tedeschi un porto da cui navi di rifornimento e altre navi di supporto potevano raggiungere Narvik dalla direzione opposta senza interferenze da parte della marina britannica. A Narvik c'era un ufficiale norvegese che occupava una posizione importante e che simpatizzava con i tedeschi; questo ufficiale, un seguace del traditore Vidkun Quisling, avrebbe dovuto aiutare le forze tedesche ad atterrare in città. Inoltre, la base fornita dai sovietici sulla costa dell'Oceano Artico forniva ai tedeschi un porto da cui navi di rifornimento e altre navi di supporto potevano raggiungere Narvik dalla direzione opposta senza interferenze da parte della marina britannica. A Narvik c'era un ufficiale norvegese che occupava una posizione importante e che simpatizzava con i tedeschi; questo ufficiale, un seguace del traditore Vidkun Quisling, avrebbe dovuto aiutare le forze tedesche ad atterrare in città. Inoltre, la base fornita dai sovietici sulla costa dell'Oceano Artico forniva ai tedeschi un porto da cui navi di rifornimento e altre navi di supporto potevano raggiungere Narvik dalla direzione opposta senza interferenze da parte della marina britannica. A Narvik c'era un ufficiale norvegese che occupava una posizione importante e che simpatizzava con i tedeschi; questo ufficiale, un seguace del traditore Vidkun Quisling, avrebbe dovuto aiutare le forze tedesche ad atterrare in città. Inoltre, la base fornita dai sovietici sulla costa dell'Oceano Artico forniva ai tedeschi un porto da cui navi di rifornimento e altre navi di supporto potevano raggiungere Narvik dalla direzione opposta senza interferenze da parte della marina britannica. A Narvik c'era un ufficiale norvegese che occupava una posizione importante e che simpatizzava con i tedeschi; questo ufficiale, un seguace del traditore Vidkun Quisling, avrebbe dovuto aiutare le forze tedesche ad atterrare in città. Inoltre, la base fornita dai sovietici sulla costa dell'Oceano Artico forniva ai tedeschi un porto da cui navi di rifornimento e altre navi di supporto potevano raggiungere Narvik dalla direzione opposta senza interferenze da parte della marina britannica.

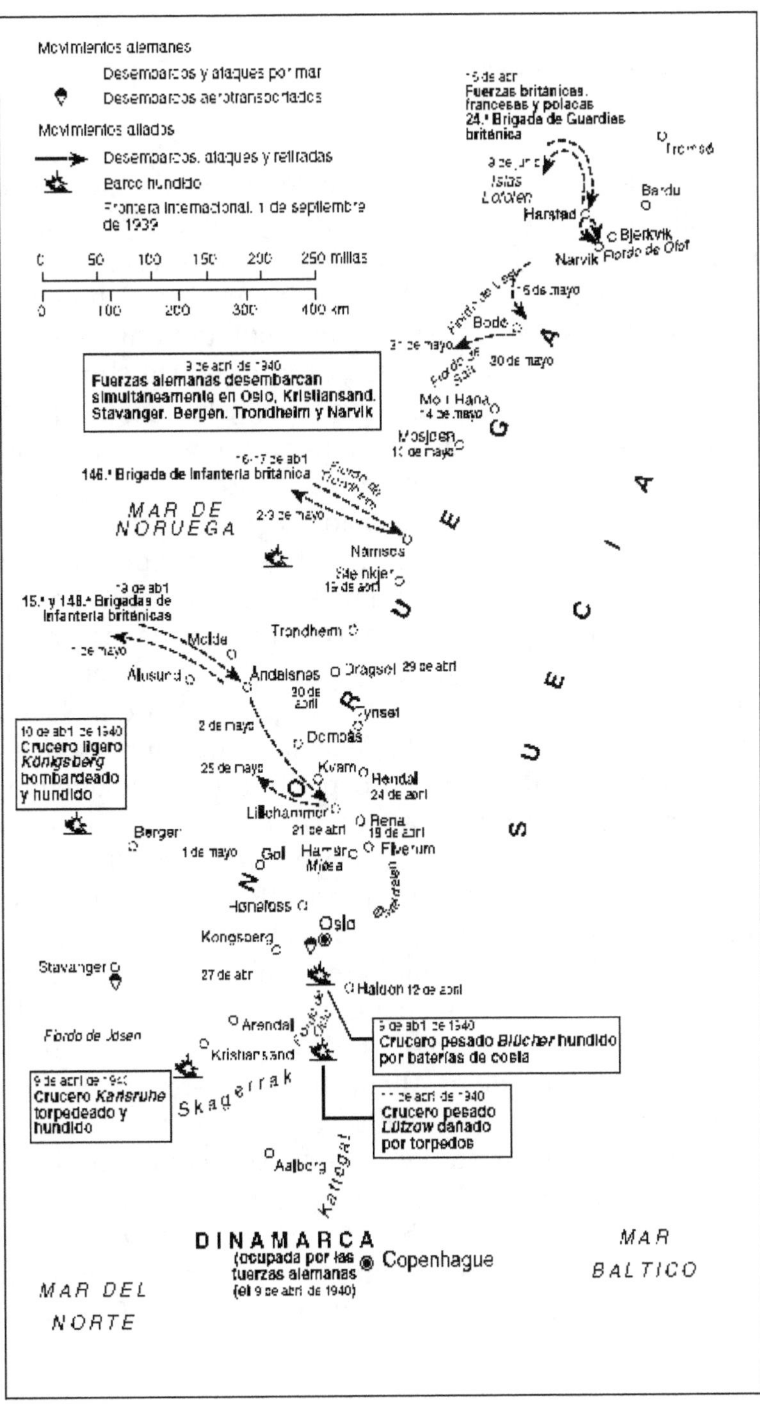

Movimientos alemanes
Desembarcos y ataques por mar
Desembarcos aerotransportados
Movimientos aliados
Desembarcos, ataques y retiradas
Barco hundido
Frontera internacional, 1 de septiembre de 1939
0   50   100   150   200   250 millas
0   100   200   300   400 km
9 de abril de 1940
Fuerzas alemanas desembarcan simultáneamente en Oslo, Kristiansand, Stavanger, Bergen, Trondheim y Narvik
16-17 de abril
146.ª Brigada de Infantería británica
MAR DE NORUEGA
2-3 de mayo
19 de abril
15.ª y 148.ª Brigadas de Infantería británicas
10 de abril de 1940
Crucero ligero Königsberg bombardeado y hundido
1 de mayo
Molde
Álesund
Andalsnas
Dragsel 29 de abril
30 de abril
Tynset
2 de mayo
Dombás
25 de mayo
Kvam
Hendal
24 de abril
Lillehammer
Rena
21 de abril
19 de abril
Berger
1 de mayo
Gol
Hamar
Flverum
Midea
Honefoss
Oslo
Kongsberg
Stavanger
27 de abril
Haldon 12 de abril
Arendal
9 de abril de 1940
Crucero pesado Blücher hundido por baterías de costa
Fiordo de Josen
Kristiansand
9 de abril de 1940
Crucero Karlsruhe torpedeado y hundido
Skagerrak
de abril de 1940
Crucero pesado Lützow dañado por torpedos
Kattegat
Aalborg
DINAMARCA
(ocupada por las fuerzas alemanas el 9 de abril de 1940)
Copenhague
MAR BALTICO
MAR DEL NORTE
15 de abril
Fuerzas británicas, francesas y polacas
24.ª Brigada de Guardias británica
Tromsö
3 de junio
Islas Lofoten
Bardu
Harstad
Bjerkvik
Narvik Fiordo de Ofot
Fiordo de Lega
15 de mayo
Bode
31 de mayo
Fiordo de Salt
30 de mayo
Mo i Hana
14 de mayo
Mosjoen
11 de mayo
NORUEGA
SUECIA
Fiordo de Trondheim
Namsos
Stenkjer
19 de abril
Trondheim

2. La campagna norvegese

Le navi che trasportavano le forze d'attacco e le navi di scorta hanno lasciato i porti tedeschi all'inizio di aprile mentre ufficiali tedeschi, in borghese, si sono recati a Copenaghen e Oslo per trasmettere richieste di resa. I danesi si arresero immediatamente, ma il governo norvegese no. L'associazione con Quisling aiutò i tedeschi a Narvik, ma l'attacco rivolse la maggior parte dei norvegesi contro la Germania. Il nuovo incrociatore pesante Blücher fu affondato durante la navigazione attraverso il fiordo di Oslo diretto alla capitale norvegese, che il governo avrebbe abbandonato per trasferirsi in seguito in Inghilterra. Le forze tedesche sbarcarono con successo a Trondheim, una posizione chiave, e conquistarono aeroporti sia in quella città che altrove nel paese. Tuttavia, le truppe sbarcate a Narvik erano nei guai quando la Marina britannica riuscì a immobilizzare i dieci cacciatorpediniere che le avevano trasportate lì. Gli alleati sbarcarono e presero la città, ma avrebbero dovuto evacuare nel maggio 1940 dopo che i tedeschi avevano attaccato l'Europa occidentale. Soldati britannici, francesi e polacchi sbarcarono in due punti non lontani da Trondheim, ma mancavano sia del supporto aereo che di un buon comando. Il controllo dell'aria da parte dei tedeschi e la generale disorganizzazione degli Alleati furono determinanti nei combattimenti che si svolsero nel sud del Paese. Sebbene la conquista tedesca della Norvegia si concluse con l'insediamento di un altro governo in esilio a Londra, la campagna ebbe importanti aspetti positivi per gli Alleati. Gli alleati sbarcarono e presero la città, ma avrebbero dovuto evacuare nel maggio 1940 dopo che i tedeschi avevano attaccato l'Europa occidentale. Soldati britannici, francesi e polacchi sbarcarono in due punti non lontani da Trondheim, ma mancavano sia del supporto aereo che di un buon comando. Il controllo dell'aria da parte dei tedeschi e la generale disorganizzazione degli Alleati furono determinanti nei combattimenti che si svolsero nel sud del Paese. Sebbene la conquista tedesca della Norvegia si concluse con l'insediamento di un altro governo in esilio a Londra, la campagna ebbe importanti aspetti positivi per gli Alleati. Gli alleati sbarcarono e presero la città, ma avrebbero dovuto evacuare nel maggio 1940 dopo che i tedeschi avevano attaccato l'Europa occidentale. Soldati britannici, francesi e polacchi sbarcarono in due punti non lontani da Trondheim, ma mancavano sia del supporto aereo che di un buon comando. Il controllo dell'aria da parte dei tedeschi e la generale disorganizzazione degli Alleati furono determinanti nei combattimenti che si svolsero nel sud del Paese. Sebbene la conquista tedesca della Norvegia si concluse con l'insediamento di un altro governo in esilio a Londra, la campagna ha avuto importanti aspetti positivi per gli Alleati. Francesi e polacchi sbarcarono in due punti non lontani da Trondheim, ma mancavano sia del supporto aereo che di un buon comando. Il controllo dell'aria da parte dei tedeschi e la generale disorganizzazione degli Alleati furono determinanti nei combattimenti che si svolsero nel sud del Paese. Sebbene la conquista tedesca della Norvegia si concluse con l'insediamento di un altro governo in esilio a Londra, la campagna ebbe importanti aspetti positivi per gli Alleati. Francesi e polacchi sbarcarono in due punti non lontani da Trondheim, ma mancavano sia del supporto aereo che di un buon comando. Il controllo dell'aria da parte dei tedeschi e la generale disorganizzazione degli Alleati furono determinanti nei combattimenti che si svolsero nel sud del Paese.

Durante la campagna norvegese, la marina britannica perse una portaerei e diverse navi da guerra più piccole; tuttavia, fu la marina tedesca a subire le perdite peggiori. Le corazzate Scharnhorst e Gneisenau furono gravemente danneggiate dai siluri e oltre al Blücher molti altri incrociatori furono affondati o danneggiati; il 1 luglio 1940, le uniche navi da guerra di qualsiasi dimensione su cui la marina tedesca poteva contare erano due incrociatori leggeri, un incrociatore pesante e quattro cacciatorpediniere. Molte delle navi danneggiate sarebbero state successivamente riparate, ma nel periodo critico dell'estate del 1940 la forza navale tedesca non aveva la forza per sostenere l'invasione dell'Inghilterra.

Tuttavia, la conquista della Norvegia ha contribuito in diversi modi allo sforzo bellico tedesco. La Germania ora aveva basi navali che avevano accesso diretto all'Oceano Atlantico. Inoltre, quando avrebbe lanciato la sua invasione dell'Unione Sovietica, avrebbe avuto una base da cui lanciare l'attacco alla base navale di Murmansk e strutture eccellenti per ostacolare gli sforzi britannici, e successivamente americani, di inviare navi armate a terra e via mare . aiuti all'Unione Sovietica attraverso la rotta del mare settentrionale. Infine, il controllo della Norvegia ha reso facile costringere la Svezia a contribuire ancora di più allo sforzo bellico; oltre a dover spedire ferro in Germania su navi battenti la loro bandiera, gli svedesi dovettero consentire ai tedeschi di utilizzare il loro sistema ferroviario per trasportare truppe e rifornimenti. I tedeschi si astennero dall'invadere il paese per paura che gli svedesi facessero saltare in aria le miniere di ferro, ma presumevano che dopo aver vinto la guerra sarebbe stato facile conquistarla. Durante il conflitto, infatti, elaborò i piani per quella conquista, che però non furono mai attuati per la necessità di tenere le truppe in Norvegia pronte ad affrontare l'invasione alleata che i tedeschi vi attendevano per il resto della guerra.

Al tempo dell'occupazione della Danimarca e della conquista della Norvegia, i tedeschi non prestavano molta attenzione, se non del tutto, a due territori legati alla Danimarca: l'Islanda e la Groenlandia. Gli inglesi invece procedettero all'occupazione dell'Islanda e il presidente Roosevelt dichiarò che la Groenlandia si trovava nell'emisfero occidentale e quindi coperta dalla dottrina Monroe. Sebbene queste misure avrebbero aiutato gli Alleati nella battaglia dell'Atlantico negli anni successivi, sta di fatto che nel 1940 i tedeschi semplicemente non disponevano delle risorse navali necessarie per considerare la cattura di quei territori, che sarebbero poi stati così importanti nel sviluppo del conflitto. .

La sconfitta degli Alleati in Norvegia ebbe come diretta conseguenza le dimissioni di Neville Chamberlain da Primo Ministro del Regno Unito. Nel partito conservatore, poi al governo, il candidato preferito per entrare in carica era Lord Halifax. Tuttavia, non credeva che guidare un governo dalla Camera dei Lord sarebbe stato fattibile in tempo di guerra e quindi rifiutò la nomina. Fu così che Winston Churchill divenne Primo Ministro, nonostante il fatto che, in qualità di Primo Lord dell'Ammiragliato, avesse gran parte della responsabilità per la cattiva gestione della campagna norvegese. Il nuovo governo, entrato in carica il 10 maggio, il giorno in cui i tedeschi hanno lanciato la loro offensiva in Occidente, era una coalizione di partiti conservatore, laburista e liberale. Con pochissime modifiche individuali,

Un ulteriore aspetto dell'inverno 1939-1940 merita di essere menzionato perché ebbe profonde ripercussioni sugli eventi successivi. In questo periodo ci furono vari contatti diplomatici segreti tra alcuni elementi in Germania e il governo britannico sulla possibilità di offrire un equo accordo di pace alla Germania se coloro che si opponevano al regime di Hitler all'interno del paese fossero riusciti a rovesciarlo. In questo senso i governi inglese e francese erano uniti: la Germania poteva avere la pace, ma per questo Cecoslovacchia e Polonia dovettero riconquistare la loro indipendenza. Quali che fossero le differenze visibili tra i tedeschi coinvolti in questi negoziati e il regime di Hitler, c'erano due questioni di fondamentale importanza per gli Alleati. Il primo e più ovvio era che non c'era alcun tentativo di rovesciare Hitler's governo (e non ci sarebbe stato fino al luglio 1944). L'altro era il fatto che alcuni dei militari che sarebbero stati preparati a partecipare a un colpo di stato contro Hitler erano stati comunque coinvolti nella pianificazione e realizzazione di una serie di invasioni contro paesi neutrali; questo potrebbe non essere stato percepito come un evidente demerito in Germania, ma ha avuto un impatto significativo sul modo di pensare del governo britannico su quel paese. Queste due osservazioni hanno distrutto ogni credibilità che i negoziatori alleati avevano concesso agli oppositori interni del regime nazista. La conclusione tratta dal nuovo primo ministro (che ha incontrato e approvato i contatti iniziali) e altri membri del governo britannico è stata che non ci dovrebbero essere nuovi negoziati fino a quando non ci sarà un vero colpo di stato. Se il colpo di stato è avvenuto,

3

La guerra in Occidente: 1940

piani di guerra

Inizialmente Hitler sperava di attaccare in Occidente nel tardo autunno del 1939. I rinvii della primavera del 1940 ebbero tre effetti principali su quell'offensiva. In primo luogo, hanno creato la possibilità di utilizzare il tempo aggiuntivo per correggere alcuni dei problemi rilevati nella campagna contro la Polonia, che è esattamente ciò che hanno fatto i tedeschi; i francesi e gli inglesi, invece, non trassero insegnamento da quanto accaduto. In secondo luogo, i ripetuti avvertimenti sull'imminente offensiva dei tedeschi contrari al regime hitleriano, in particolare del colonnello Hans Oster, della sezione dei servizi segreti dell'Alto Comando delle Forze Armate (OKW, per il suo acronimo in tedesco).), ha avuto l'effetto indesiderato che l'ultimo avviso, a quest'ora esatta, è rimasto sostanzialmente inascoltato.

Già nel maggio 1938 Hitler aveva detto ai suoi consiglieri militari che avrebbe lanciato l'offensiva in Occidente attraverso i Paesi Bassi. Il piano originale per l'attacco del 1939 prevedeva che, a differenza del 1914, quando i tedeschi invasero solo il Belgio e il Lussemburgo, questa volta avrebbero invaso anche l'Olanda. Ci sarebbe un forte fianco destro, ma l'obiettivo principale di questo sarebbe quello di catturare i porti e le basi per la futura guerra contro il Regno Unito, non tanto l'accerchiamento delle forze francesi, una delle caratteristiche chiave del piano del 1914. Con i governi olandese e belga che si rifiutavano di coordinare i loro sforzi difensivi con francese e britannico per paura di provocare la Germania, gli alleati decisero che qualsiasi mossa per aiutare quei paesi sarebbe dovuta venire dopo che erano stati attaccati. Sulla base di documenti contenenti frammenti dell'ordine di attacco tedesco ottenuto dopo lo schianto di un aereo militare in Belgio, gli Alleati presumevano che i tedeschi sarebbero avanzati come originariamente previsto. Tuttavia, il rifiuto di Belgio e Paesi Bassi di coordinare la strategia significava che dovevano mobilitare la maggior parte delle loro unità motorizzate se volevano fermare i tedeschi prima che penetrassero in Francia. Inoltre, per tenere i tedeschi il più lontano possibile dalla Francia, il comandante in capo delle forze francesi, il generale Maurice Gamelin, decise che era necessario spostare il fianco sinistro delle forze inviate per dare il cambio ai tedeschi Olanda. attaccò i neutrali, alla 7a armata, la principale delle loro riserve. il rifiuto di Belgio e Paesi Bassi di coordinare la strategia significava che dovevano mobilitare la maggior parte delle loro unità motorizzate se volevano fermare i tedeschi prima che penetrassero in Francia. Inoltre, per tenere i tedeschi il più lontano possibile dalla Francia, il comandante in capo delle forze francesi, il generale Maurice Gamelin, decise che era necessario spostare il fianco sinistro delle forze inviate per dare il cambio ai tedeschi Olanda. attaccò i neutrali, alla 7a armata, la principale delle loro riserve. il rifiuto di Belgio e Paesi Bassi di coordinare la strategia significava che dovevano mobilitare la maggior parte delle loro unità motorizzate se volevano fermare i tedeschi prima che penetrassero in Francia. Inoltre, per tenere i tedeschi il più lontano possibile dalla Francia, il comandante in capo delle forze francesi, il generale Maurice Gamelin, decise che era necessario spostare il fianco sinistro delle forze inviate per dare il cambio ai tedeschi Olanda. attaccò i neutrali, alla 7a armata, la principale delle loro riserve. decise che era necessario spostare il fianco sinistro delle forze inviate per dare il cambio ai tedeschi in Olanda. attaccò i neutrali, alla 7a armata, la principale delle loro riserve. decise che era necessario spostare il fianco sinistro delle forze inviate per dare il cambio ai tedeschi in Olanda. attaccò i neutrali, alla 7a armata, la principale delle loro riserve.

Tuttavia, durante l'intervallo creato dai rinvii, i tedeschi cambiarono i loro piani. Piuttosto che fornire alla forza d'invasione un forte fianco destro, decisero di attaccare attraverso le Ardenne e dirigersi verso il Canale della Manica, interrompendo nel processo qualsiasi avanzata delle forze francesi e britanniche che venissero in aiuto di olandesi e belgi. I governi di questi due paesi sarebbero costretti ad arrendersi incondizionatamente attraverso una combinazione di trucchi: i paracadutisti si impadronirebbero dei punti chiave prima che potessero essere adeguatamente difesi; I soldati tedeschi in uniforme olandese confonderebbero qualunque difesa le forze locali fossero riuscite a montare;

vittoria in occidente

Le forze tedesche attaccarono il 10 maggio, sequestrarono le principali fortificazioni belghe con unità di paracadute e ammassarono unità corazzate e fanteria motorizzata per sfondare le Ardenne e attraversare rapidamente il fiume Mosa, cosa che erano già riuscite a fare entro il 13 maggio di maggio. Una combinazione di carri armati e fanteria motorizzata si fece strada fino al Canale della Manica, dove giunsero nella notte tra il 20 e il 21 maggio (Mappe 3a e b). A questo punto gli olandesi si erano arresi incondizionatamente, il loro governo si era trasferito a Londra e gran parte della città di Rotterdam era stata rasa al suolo dalle bombe tedesche. Questo è stato l'evento chiave che ha portato gli inglesi a revocare le restrizioni all'aviazione e ad autorizzare il bombardamento delle città tedesche. Gli sforzi alleati per contrastare l'avanzata tedesca erano falliti, in gran parte a causa della cattiva allocazione delle forze francesi e della disperata disorganizzazione della struttura di comando sia tra gli alleati occidentali che all'interno dell'esercito francese. Nonostante avesse mobilitato un numero considerevole di forze e molte di loro combattessero efficacemente, anche il Belgio si arrese incondizionatamente il 28 maggio. Ciò indebolì ulteriormente le forze alleate che erano venute in loro aiuto e furono interrotte dall'avanzata tedesca nel Canale della Manica. in gran parte a causa della cattiva allocazione delle forze francesi e della disperata disorganizzazione della struttura di comando sia tra gli alleati occidentali che all'interno dell'esercito francese. Nonostante abbia mobilitato un numero considerevole di forze e molte di loro abbiano combattuto efficacemente, anche il Belgio si è arreso incondizionatamente il 28 maggio. Ciò indebolì ulteriormente le forze alleate che erano venute in loro aiuto e furono interrotte dall'avanzata tedesca nel Canale della Manica. in gran parte a causa della cattiva allocazione delle forze francesi e della disperata disorganizzazione della struttura di comando sia tra gli alleati occidentali che all'interno dell'esercito francese. Nonostante avesse mobilitato un numero considerevole di forze e molte di loro combattessero efficacemente, anche il Belgio si arrese incondizionatamente il 28 maggio. Ciò indebolì ulteriormente le forze alleate che erano venute in loro aiuto e furono interrotte dall'avanzata tedesca nel Canale della Manica.

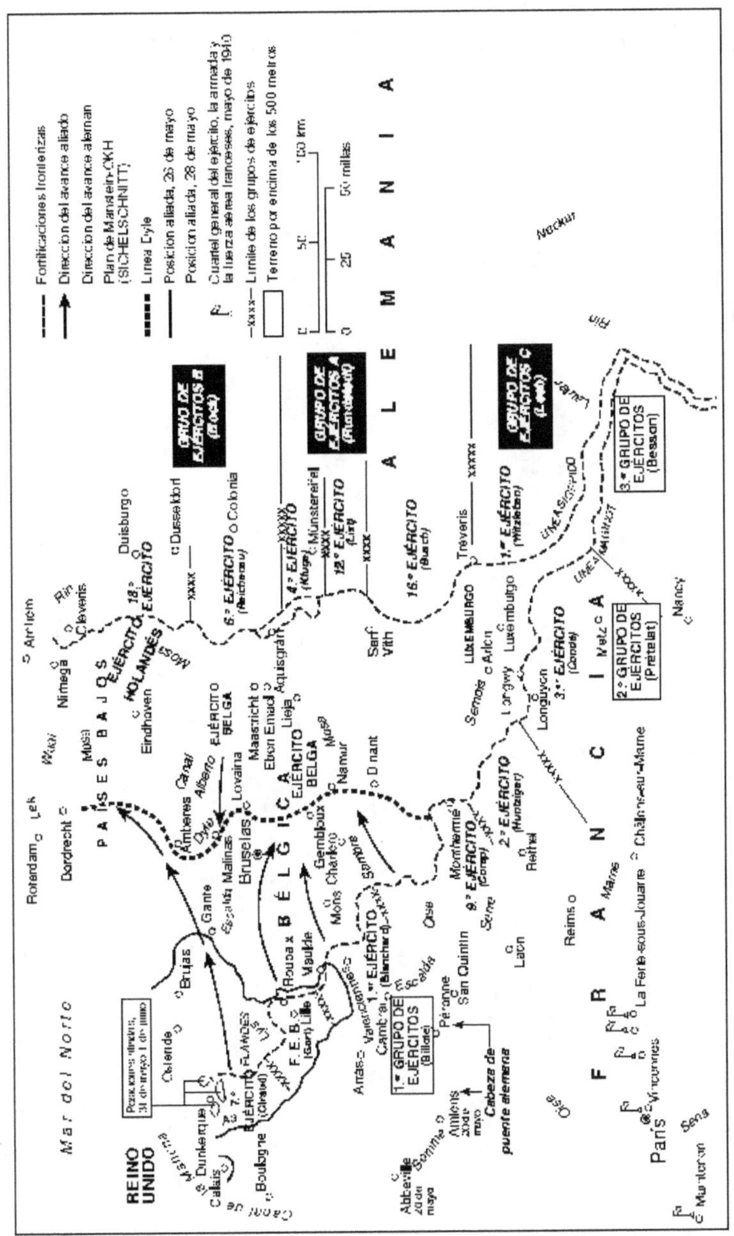
Fortificaciones fronterizas
Dirección del avance aliado
Dirección del avance alemán
Plan de Manstein-OKH (SICHELSCHNITT)
Línea Dyle
Posición aliada, 26 de mayo
Posición aliada, 28 de mayo
Cuartel general del ejército, la armada y la fuerza aérea franceses, mayo de 1940
Límite de los grupos de ejércitos
Terreno por encima de los 500 metros
100 km
50 millas
REINO UNIDO
PAISES BAJOS
BÉLGICA
ALEMANIA
FRANCIA
Mar del Norte
Canal de la Mancha
Calais
Dunkerque
Boulogne
Ostende
Brujas
Gante
Amberes
Bruselas
Malinas
Lovaina
Roubaix
Lille
Somme
San Quintín
Péronne
Arras
Cambrai
Amiens
Abbeville
Escalda
Lys
Laon
Reims
Marne
Oise
París
Vincennes
Sena
Rotterdam
Dordrecht
Nimega
Eindhoven
Maastricht
Namur
Lieja
Aquisgrán
Dinant
Charleroi
Gembloux
Mons
Sambre
Mosa
Mosela
Rin
Arnhem
Cleveris
Duisburgo
Düsseldorf
Colonia
Münstereifel
Saint Vith
Luxemburgo
Arlon
Longwy
Longuyon
Metz
Nancy
Treveris
Sarre
Neckar
EJÉRCITO HOLANDÉS 18.º EJÉRCITO
EJÉRCITO BELGA
EJÉRCITO BELGA
6.º EJÉRCITO (Reichenau)
4.º EJÉRCITO (Kluge)
12.º EJÉRCITO (List)
16.º EJÉRCITO (Busch)
1.º EJÉRCITO (Witzleben)
GRUPO DE EJÉRCITOS B (Bock)
GRUPO DE EJÉRCITOS A (Rundstedt)
GRUPO DE EJÉRCITOS C (Leeb)
1.º GRUPO DE EJÉRCITOS (Billotte)
2.º GRUPO DE EJÉRCITOS (Prételat)
3.º GRUPO DE EJÉRCITOS (Besson)
F.E.B. (Gort)
EJÉRCITO FLANDES (Giraud)
7.º EJÉRCITO
1.º EJÉRCITO (Blanchard)
9.º EJÉRCITO (Corap)
2.º EJÉRCITO (Huntziger)
3.º EJÉRCITO (Condé)
LINEA SIEGFRIED
LINEA MAGINOT
Cabeza de puente alemana
Posiciones aliadas, 31 de mayo-1 de junio

3a. la caduta della francia

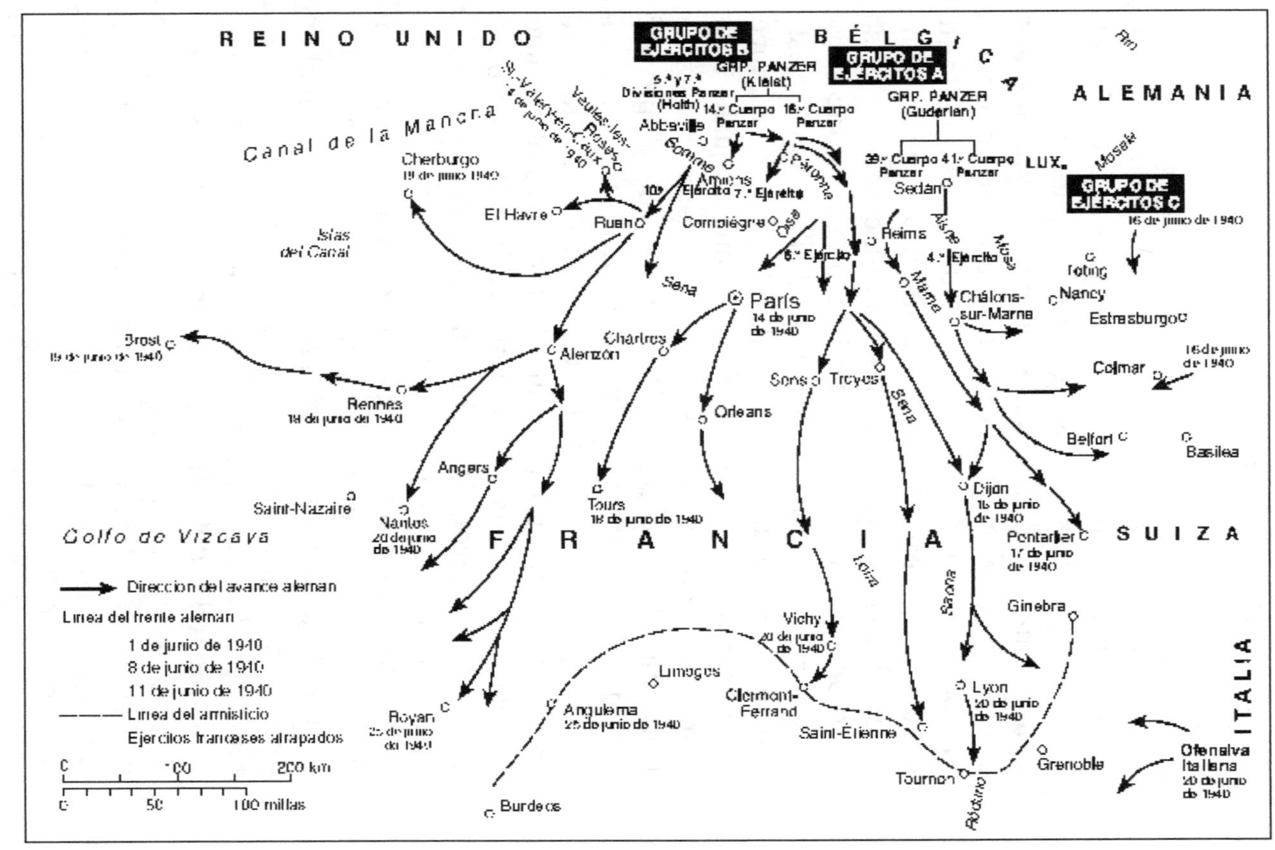
REINO UNIDO
BÉLGICA
ALEMANIA
ITALIA
SUIZA
FRANCIA
GRUPO DE EJÉRCITOS B
GRUPO DE EJÉRCITOS A
GRUPO DE EJÉRCITOS C
GRP. PANZER (Kleist)
GRP. PANZER (Guderian)
5.ª y 7.ª Divisiones Panzer (Hoth)
14.º Cuerpo Panzer
16.º Cuerpo Panzer
39.º Cuerpo Panzer
41.º Cuerpo Panzer
LUX.
Rin
Mosela
Mosa
Aisne
Marne
Sena
Sena
Loira
Saona
Ródano
Oise
Somme
Canal de la Mancha
Golfo de Vizcaya
Islas del Canal
Veules-les-Roses
St.-Valérien-en-Caux 11 de junio de 1940
Abbeville
5.º Ejército
6.º Ejército
7.º Ejército
10.º Ejército
4.º Ejército
Cherburgo 19 de junio 1940
El Havre
Rouen
Compiègne
Amiens
Sedan
Reims
Chálons-sur-Marne
Toting
Nancy
Estrasburgo
16 de junio de 1940
Colmar 16 de junio de 1940
Belfort
Basilea
Brest 19 de junio de 1940
Rennes 18 de junio de 1940
Alençon
Chartres
París 14 de junio de 1940
Sens
Troyes
Orleans
Dijon 16 de junio de 1940
Pontarlier 17 de junio de 1940
Ginebra
Angers
Saint-Nazaire
Nantes 20 de junio de 1940
Tours 18 de junio de 1940
Vichy 20 de junio de 1940
Limoges
Clermont-Ferrand
Saint-Étienne
Lyon 20 de junio de 1940
Grenoble
Tournon
Royan 25 de junio de 1940
Angulema 25 de junio de 1940
Burdeos
Ofensiva italiana 20 de junio de 1940
Dirección del avance alemán
Línea del frente alemán
1 de junio de 1940
8 de junio de 1940
11 de junio de 1940
Línea del armisticio
Ejércitos franceses atrapados
0 100 200 km
0 50 100 millas

3b. la caduta della francia

Il comando francese ha cercato di creare un nuovo fronte attraverso il nord del paese, al di sotto dell'avanzata tedesca. Molto preoccupato che, come nella prima guerra mondiale, ciò potesse portare a una guerra di posizione lungo un fronte lungo centinaia di miglia, il generale von Rundstedt, comandante del gruppo dell'esercito che era penetrato dalle Ardenne, fermò il 24 maggio l'avanzata di unità corazzate verso i porti ancora sotto il controllo britannico e francese per rinfrescarli e ripararli in vista dell'offensiva a sud, attraverso eventuali nuovi fronti difensivi che i francesi potessero organizzare, decisione con la quale Hitler concordò. Il dittatore tedesco si fidava della promessa di Hermann Göring, il capo dell'aviazione, che la Luftwaffe, avendo fatto molto per sostenere l'avanzata fino a quel momento, era in grado di distruggere le unità alleate che erano state tagliate fuori. Efficaci combattimenti difensivi, il dispiegamento di massa di tutti i tipi di navi e i voli dell'aeronautica britannica dalle loro basi in Gran Bretagna, combinati con l'arresto temporaneo delle armature tedesche, resero possibile l'evacuazione di oltre duecentomila soldati britannici. e più di centomila francesi sulle spiagge di Dunkerque. Sebbene una grande quantità di equipaggiamento e materiale militare dovette essere abbandonata, una parte fondamentale dell'esercito britannico sopravvisse. il dispiegamento di massa di tutti i tipi di navi e i voli dell'aviazione britannica dalle loro basi in Gran Bretagna, combinati con l'arresto temporaneo dell'armatura tedesca, resero possibile l'evacuazione di oltre duecentomila soldati britannici e più di cento mille francesi sulle spiagge di Dunkerque. Sebbene una grande quantità di equipaggiamento e materiale militare dovette essere abbandonata, una parte fondamentale dell'esercito britannico sopravvisse. il dispiegamento di massa di tutti i tipi di navi e i voli dell'aviazione britannica dalle loro basi in Gran Bretagna, combinati con l'arresto temporaneo dell'armatura tedesca, resero possibile l'evacuazione di oltre duecentomila soldati britannici e più di cento mille francesi sulle spiagge di Dunkerque. Sebbene una grande quantità di equipaggiamento e materiale militare dovette essere abbandonata, una parte fondamentale dell'esercito britannico sopravvisse. rese possibile l'evacuazione di oltre duecentomila soldati britannici e di oltre centomila francesi sulle spiagge di Dunkerque. Sebbene una grande quantità di equipaggiamento e materiale militare dovette essere abbandonata, una parte fondamentale dell'esercito britannico sopravvisse. rese possibile l'evacuazione di oltre duecentomila soldati britannici e di oltre centomila francesi sulle spiagge di Dunkerque. Sebbene una grande quantità di equipaggiamento e materiale militare dovette essere abbandonata, una parte fondamentale dell'esercito britannico sopravvisse.

Il nuovo capo delle forze francesi, il generale Maxime Weygand, cercò di organizzare una nuova linea di difesa nella speranza che i soldati evacuati nel nord la rinforzassero una volta che si fossero riequipaggiati e organizzati in Inghilterra. Tuttavia, il 5 giugno, ben prima che ciò potesse accadere, i tedeschi attaccarono la linea. Dopo alcuni giorni di pesanti combattimenti, i tedeschi sfondarono, occuparono Parigi il 14 giugno e proseguirono nonostante alcune unità francesi combattessero valorosamente. In quei giorni, unità dell'esercito tedesco iniziarono a massacrare i soldati francesi delle colonie africane che si erano arresi, un altro passo nella discesa delle forze armate dalle paludi dell'invasione della Polonia alle fogne delle successive campagne.

Nel contesto di quella che apparentemente è stata una rapida vittoria per la Germania in Occidente, i governi di tutto il mondo hanno dovuto prendere nuove decisioni. Benito Mussolini sentiva che era tempo di unirsi alla Germania nella guerra contro Francia e Regno Unito se l'Italia voleva ottenere parte del bottino che, immaginava, si fosse praticamente guadagnato. Sebbene il paese non fosse preparato per un grande conflitto, il dittatore dichiarò guerra a coloro che erano stati alleati dell'Italia nella prima guerra mondiale, organizzò un piccolo attacco contro i francesi nelle Alpi e avviò minime campagne nel nord e nell'ovest. Africa nordorientale. Francisco Franco, che nell'aprile del 1939 aveva completato la conquista della Spagna, contemplò anche la possibilità di unirsi alla parte tedesca, ma voleva assicurarsi prima cosa avrebbe guadagnato la Spagna, non dopo essersi unita alle ostilità.

L'Unione Sovietica era stata disposta a sostenere l'occupazione tedesca della Norvegia e seguì con entusiasmo l'offensiva tedesca a ovest. Di fronte al sorprendente successo di quella campagna, il regime di Mosca decise che era tempo di raccogliere i frutti del suo accordo con la Germania. Occupava e annetteva i tre Stati baltici, da cui la popolazione di origine germanica poteva partire. I sovietici rinnovarono la pressione sulla Finlandia e costrinsero la Romania a cedere la Bessarabia e parte della Bucovina. Come abbiamo accennato, l'Unione Sovietica ha rilevato l'intera Lituania, compresa l'area promessa alla Germania, e ci sono state discussioni tra Mosca e Berlino sulle richieste avanzate alla Finlandia e sull'entità delle richieste territoriali rivolte alla Romania, ma queste domande sono stati risolti diplomaticamente.

Come nel 1914, il governo francese si trasferì a Bordeaux, ma i suoi nuovi leader, il maresciallo Philippe Pétain e Pierre Laval, erano determinati a ritirare il paese dallo scontro piuttosto che continuare a combattere dal loro impero coloniale usando la flotta francese, che era sostanzialmente ancora intatto. Attraverso la Spagna chiesero un armistizio e Hitler, contentissimo, offrì le condizioni, perché in quel momento non aveva modo di impadronirsi dell'impero coloniale francese e preferì che la flotta francese non continuasse a combattere; inoltre dava per scontato che avrebbe sconfitto altrettanto facilmente il Regno Unito e, come vedremo, già pensava di spostare le sue forze a est per l'invasione dell'Unione Sovietica. In queste circostanze, il leader tedesco scelse di convincere Mussolini a ridurre le sue richieste alla Francia, si accontentò di occupare gran parte del paese, compresa l'intera costa atlantica e l'area della Manica, e per il momento lasciò la parte non occupata completamente indifesa a Pétain. Quest'ultimo sperava di ristrutturare il paese secondo linee autocratiche per dargli un posto nell'Europa dominata dai tedeschi. E sebbene non fossero mai stati interessati a collaborare con il nuovo regime, ciò non lo scoraggiò. Il nuovo governo fu stabilito a Vichy, una località turistica, e sia le forze sotto di essa nella Francia non occupata che quelle che le rimasero fedeli nelle colonie furono istruite a non combattere mai i tedeschi, gli italiani o i giapponesi e sì, sempre, contro gli inglesi , i francesi che potrebbero unirsi a loro, e più tardi gli americani. Nella notte tra il 24 e il 25 giugno 1940 entrò in vigore l'armistizio franco-tedesco e franco-italiano; più di un milione di soldati francesi rimasero prigionieri di guerra dei tedeschi. Un piccolo numero di francesi si unì al generale Charles de Gaulle recentemente promosso in quello che sarebbe diventato noto come il "movimento francese libero", a cui si sarebbero uniti nei mesi successivi diverse colonie francesi nell'Africa centrale e nel Pacifico meridionale, mentre il regime di Vichy si incaricò di organizzare la consegna delle riserve auree belghe dell'Africa occidentale ai tedeschi.

Il governo britannico ha cercato di convincere i francesi a continuare a combattere, uno sforzo in cui lo stesso Churchill ha svolto un ruolo centrale. Oltre a un precedente trattato che impegnava i due paesi a non firmare un trattato di pace separato, Londra si è dichiarata favorevole al progetto di unire le due nazioni in questa emergenza, ma il nuovo regime francese ha rifiutato anche solo di prendere in considerazione l'idea. Il governo britannico non ha perso tempo a prendere una decisione di fronte alla difficile situazione. Avrebbe continuato a combattere la Germania e l'Italia dal Regno Unito il più a lungo possibile e dal Commonwealth e dall'Impero se necessario. Il fatto che il grosso del corpo degli ufficiali del paese e un gran numero di soldati fosse riuscito a fuggire da Dunkerque sostenne questa posizione, rafforzata da un solido fronte interno che invece di ammorbidirsi, indurito dopo l'inizio dei bombardamenti tedeschi. Temendo un'invasione tedesca, il governo creò una milizia volontaria per aiutare a difendere il paese, la Guardia Nazionale, e accettò una proposta del capo di stato maggiore imperiale, il generale Sir John Dill, di usare gas velenosi contro qualsiasi forza tedesca che avesse invaso Paese. riuscì a raggiungere la riva. Di fronte alla possibilità che la Germania occupasse parte o tutte le isole, il governo inviò le riserve nazionali di oro e valuta estera a Toronto e Montreal e iniziò i preparativi per iniziare una guerriglia in qualsiasi parte occupata della Gran Bretagna, mentre il governo continuava a dirigere il confronto dal Canada. la Guardia Nazionale, e ha accettato la proposta del capo di Stato Maggiore Generale Imperiale, il generale Sir John Dill, utilizzare gas velenosi contro qualsiasi forza tedesca che sia riuscita a raggiungere la riva. Di fronte alla possibilità che la Germania occupasse parte o tutte le isole, il governo inviò le riserve nazionali di oro e valuta estera a Toronto e Montreal e iniziò i preparativi per iniziare una guerriglia in qualsiasi parte occupata della Gran Bretagna, mentre il governo continuava a dirigere il confronto dal Canada. la Guardia Nazionale, e accettò la proposta del capo di Stato Maggiore Generale Imperiale, il generale Sir John Dill, di usare gas velenosi contro qualsiasi forza tedesca che fosse riuscita a raggiungere la costa. Di fronte alla possibilità che la Germania occupasse parte o tutte le isole, il governo inviò le riserve nazionali di oro e valuta estera a Toronto e Montreal e iniziò i preparativi per iniziare una guerriglia in qualsiasi parte occupata della Gran Bretagna,

Il duca di Windsor, l'ex re Edoardo VIII, potrebbe aver inteso svolgere un ruolo simile a quello di Pétain in Francia, e David Lloyd George, primo ministro nella prima guerra mondiale, sperava di emulare Laval, ma tutti e tre i partiti politici britannici avevano una rappresentanza. in un consiglio dei ministri che, invece, puntava alla vittoria finale sulla Germania attraverso una combinazione di bombardamenti, blocco e un corpo di spedizione per aiutare la popolazione dei territori occupati quando insorse contro i tedeschi, che senza dubbio avrebbero dedicarsi a sfruttarlo e seminare odio. Il duca fu mandato alle Bahamas e Lloyd George continuò a essere una voce isolata in Parlamento. Entro il 19 luglio, quando Hitler propose di fare la pace,

Il governo britannico aveva insistito in anticipo sul fatto che se la Francia voleva essere sollevata dall'obbligo di non firmare un trattato di pace separato, la flotta francese doveva recarsi nei porti britannici. Quando il governo di Vichy si rifiutò di farlo, gli inglesi scelsero di disarmare le navi da guerra francesi o di distruggerle, come avvenne in Nord Africa con quelle che si rifiutarono di salpare per le Indie occidentali francesi. Fu una triste fine per l'alleanza franco-britannica, ma Londra non poteva dipendere dalle garanzie francesi o tedesche sull'uso che sarebbe stato dato a quelle navi, poiché era consapevole che non avrebbe potuto affrontare un'invasione se la Germania avesse aggiunto la flotta francese . il tuo e l'italiano. In questo contesto, le perdite ei danni subiti dalla marina tedesca nella campagna di Norvegia si sono rivelati critici. Cosa c'è di più,

La reazione dell'America

Gli spettacolari eventi della primavera e dell'inizio dell'estate del 1940 nell'Europa occidentale ebbero effetti di vasta portata negli Stati Uniti. Essendo un anno di elezioni presidenziali, Franklin Roosevelt, contro la sua precedente intenzione, decise di candidarsi per un terzo mandato e, anche contro l'usanza e la successiva pratica del paese, creò una sorta di coalizione di governo nominando membri di spicco del Partito Repubblicano a ricoprire posizioni di rilievo nell'amministrazione. Le leggi americane sulla neutralità avevano subito alcune modifiche minori e, nonostante il dibattito infinito e soprattutto veemente, ce ne sarebbero state di più. Entro la fine del 1938 il presidente aveva sostenuto la costruzione di una vera forza aerea. Dati i pericoli che il paese deve affrontare sia nell'Atlantico che nel Pacifico, Roosevelt ha presentato una petizione al Congresso per ottenere fondi per formare una "marina militare dei due oceani", e i fondi furono concessi nel luglio 1940. In autunno, la maggioranza del Congresso concordò che il paese aveva bisogno di un grande esercito piuttosto che di uno piccolo e approvò la prima bozza in tempo di pace della sua storia. Sebbene quell'esercito sarebbe stato quasi sciolto un anno dopo, la verità è che iniziò a crescere e ad acquisire una quantità minima di armi moderne. Francia e Regno Unito avevano effettuato ingenti ordini di equipaggiamento militare da fabbriche americane e, dopo la caduta della Francia, gli inglesi mantennero i contratti francesi. Poiché questi dovevano essere sottoposti alla formula cash and carry In autunno, la maggioranza del Congresso ha convenuto che il paese aveva bisogno di un grande esercito piuttosto che di uno piccolo e ha approvato la prima bozza in tempo di pace della sua storia. Sebbene quell'esercito sarebbe stato quasi sciolto un anno dopo, la verità è che ha iniziato a crescere e ad acquisire una quantità minima di armi moderne. Francia e Regno Unito avevano effettuato ingenti ordini di equipaggiamento militare da fabbriche americane e, dopo la caduta della Francia, gli inglesi mantennero i contratti francesi. Poiché questi dovevano essere sottoposti alla formula cash and carry In autunno, la maggioranza del Congresso ha convenuto che il paese aveva bisogno di un grande esercito piuttosto che di uno piccolo e ha approvato la prima bozza in tempo di pace della sua storia. Sebbene quell'esercito sarebbe stato quasi sciolto un anno dopo, la verità è che iniziò a crescere e ad acquisire una quantità minima di armi moderne. Francia e Regno Unito avevano effettuato ingenti ordini di equipaggiamento militare da fabbriche americane e, dopo la caduta della Francia, gli inglesi mantennero i contratti francesi. Dal momento che questi dovevano essere sottoposti alla formula cash and carry, la verità è che iniziò a crescere e ad acquisire una quantità minima di armi moderne. Francia e Regno Unito avevano effettuato ingenti ordini di equipaggiamento militare da fabbriche americane e, dopo la caduta della Francia, gli inglesi mantennero i contratti francesi. Dal momento che questi dovevano essere sottoposti alla formula cash and carry, la verità è che iniziò a crescere e ad acquisire una quantità minima di armi moderne. Francia e Regno Unito avevano effettuato ingenti ordini di equipaggiamento militare da fabbriche americane e, dopo la caduta della Francia, gli inglesi mantennero i contratti francesi. Dal momento che questi dovevano essere sottoposti alla formula cash and carry Francia e Regno Unito avevano effettuato ingenti ordini di equipaggiamento militare da fabbriche americane e, dopo la caduta della Francia, gli inglesi mantennero i contratti francesi. Dal momento che questi dovevano essere sottoposti alla formula cash and carry, la verità è che iniziò a crescere e ad acquisire una quantità minima di armi moderne. Francia e Regno Unito avevano effettuato ingenti ordini di equipaggiamento militare da fabbriche americane e, dopo la caduta della Francia, gli inglesi mantennero i contratti francesi. Dal momento che questi dovevano essere sottoposti alla formula cash and carry Francia e Regno Unito avevano effettuato ingenti ordini di equipaggiamento militare da fabbriche americane e, dopo la caduta della Francia, gli inglesi mantennero i contratti francesi. Dal momento che questi dovevano essere sottoposti alla formula cash and carry, la verità è che iniziò a crescere e ad acquisire una quantità minima di armi moderne. Francia e Regno Unito avevano effettuato ingenti ordini di equipaggiamento militare da fabbriche americane e, dopo la caduta della Francia, gli inglesi mantennero i contratti francesi. Dal momento che questi dovevano essere sottoposti alla formula cash and carry Francia e Regno Unito avevano effettuato ingenti ordini di equipaggiamento militare da fabbriche americane e, dopo la caduta della Francia, gli inglesi mantennero i contratti francesi. Dal momento che questi dovevano essere sottoposti alla formula cash and carry Francia e Regno Unito avevano effettuato ingenti ordini di equipaggiamento militare da fabbriche americane e, dopo la caduta della Francia, gli inglesi mantennero i contratti francesi. Dal momento che questi dovevano essere sottoposti alla formula cash and carry

A differenza di alcuni dei suoi consiglieri, nell'estate del 1940 il presidente era fiducioso che la Gran Bretagna avrebbe tenuto duro e avrebbe fatto ciò che la legge consentiva per aiutare l'isola in difficoltà. Roosevelt inviò in Inghilterra le armi in eccedenza della prima guerra mondiale che aveva ancora e queste furono usate per armare la Guardia Nazionale. Dispose anche lo scambio di cinquanta vecchi cacciatorpediniere con il diritto di utilizzare basi in diversi possedimenti britannici nell'emisfero occidentale per novantanove anni, un accordo che fu presentato al pubblico come un tentativo di migliorare la sicurezza degli Stati Uniti a un momento di grande pericolo. Questa e le questioni correlate suscitarono un aspro dibattito nel paese, ma nel novembre 1940 gli elettori diedero a Roosevelt un terzo mandato senza precedenti. In qualche modo,

La vittoria tedesca ha avuto grandi implicazioni per la situazione interna del Paese, oltre a suggerire nuove decisioni in ambito militare. L'effetto interno più importante fu il consolidamento del sostegno pubblico al regime nazista. In un momento in cui il ricordo dei lunghi e sanguinosi combattimenti della prima guerra mondiale era ancora molto vivo nella memoria dell'Europa occidentale, quella che sembrava una vittoria totale, rapida e con perdite relativamente minime, si rivelò a beneficio del regime . A questo impatto sull'opinione pubblica va aggiunto l'effetto sui comandanti militari. Oltre al massiccio programma di Hitler per corrompere i vertici dell'esercito, della marina e dell'aviazione attraverso pagamenti segreti esentasse, la vittoria sulla Francia ha portato con sé promozioni per generali e ammiragli e un senso di fiducia nel giudizio del dittatore . È impossibile capire come la Germania tenesse unita per il resto della seconda guerra mondiale senza questo drammatico rafforzamento del sostegno già goduto dal regime nazista, ora moltiplicato dall'entusiasmo generato dopo una vittoria identificata con la personalità di Adolf. Hitler.

La decisione tedesca di invadere l'Unione Sovietica

La battaglia d'Inghilterra, come divenne nota, dalla fine di giugno alla prima metà di settembre, fu la prima grande sconfitta della guerra della Germania. Sebbene le perdite da entrambe le parti fossero considerevoli, la Royal Air Force britannica resistette sostenuta da una popolazione che non poteva essere costretta a chiedere la pace. A metà settembre 1940 era chiaro che i tedeschi non avevano sconfitto gli aerei da combattimento ordinati dal governo Chamberlain, guidato dall'Air Marshal Dowding e supportati da un sistema di radar, vedette e batterie antiaeree. Dopo quella data il tempo nel Canale della Manica era troppo difficile per qualsiasi tentativo di atterraggio. Invasione esclusa per il resto dell'anno, i tedeschi ricorsero al duro bombardamento delle città britanniche durante l'inverno, che causò ingenti danni e vittime, ma non minò il morale della popolazione e, al contrario, innalzò quello dell'esercito, che si stava riorganizzando e riarmando attraverso la creazione di commando per attaccare le coste controllate dai tedeschi. Nelle aree occupate dai tedeschi, la vista di aerei britannici che volavano sopra la testa per prepararsi all'invasione di bombe, prima e poi obiettivi all'interno della stessa Germania, ha dato qualche speranza che lo scontro potesse essere ribaltato. che si stava riorganizzando e riarmando creando commando per attaccare la costa controllata dai tedeschi. Nelle aree occupate dai tedeschi, la vista di aerei britannici che volavano sopra la testa per prepararsi all'invasione di bombe, prima e poi obiettivi all'interno della stessa Germania, ha dato qualche speranza che lo scontro potesse essere ribaltato. che si stava riorganizzando e riarmando creando commando per attaccare la costa controllata dai tedeschi. Nelle aree occupate dai tedeschi,

Se la sconfitta nella battaglia d'Inghilterra costrinse Hitler a posticipare l'invasione della Gran Bretagna al 1941, altri problemi ebbero lo stesso effetto sui suoi piani per invadere l'Unione Sovietica nel 1940. Un numero enorme di truppe dovette essere spostato dall'Occidente alle parti orientali della Germania e della Polonia occupata. Era necessario produrre nuove attrezzature e riparare le attrezzature esistenti, per compensare le vittime subite durante la campagna in Occidente e per sostituire aerei, carri armati e altre armi perse durante la guerra. Era anche essenziale apportare miglioramenti significativi alle strutture di trasporto e stoccaggio nelle aree orientali che sarebbero servite da base per le forze tedesche e da cui sarebbe stata supportata la spinta verso est. Verso la fine di luglio 1940, Hitler riconobbe che, una volta completati i preparativi necessari, l'inizio dell'inverno sarebbe stato troppo vicino per prendere in considerazione la possibilità di portare a termine la campagna, anch'essa rinviata alla primavera del 1941. Si prevedeva che il rapido successo dell'invasione avrebbe scoraggiato gli inglesi mentre incoraggiava i giapponesi ad avanzare in Asia. Est e quindi per distogliere gli americani da qualsiasi attività in Europa fino a quando la Germania non fosse in grado di attaccarli. Nell'agosto 1940 era in corso il piano per la campagna orientale, cosa di cui ci occuperemo nel capitolo 4. A quella data le parti diplomatiche di quei preparativi cominciavano ad avere un effetto sulla situazione internazionale. La Germania ha invertito la sua politica nei confronti della Finlandia, aspettandosi ora che il paese contribuisca all'attacco all'Unione Sovietica invece di essere assorbito da essa. Si prevedeva che il rapido successo dell'invasione avrebbe scoraggiato gli inglesi mentre incoraggiava i giapponesi ad avanzare in Asia. Est e quindi per distogliere gli americani da qualsiasi attività in Europa fino a quando la Germania non fosse in grado di attaccarli. Nell'agosto 1940 era in corso il piano per la campagna orientale, cosa di cui ci occuperemo nel capitolo 4. A quella data le parti diplomatiche di quei preparativi cominciavano ad avere un effetto sulla situazione internazionale. La Germania ha invertito la sua politica nei confronti della Finlandia, aspettandosi ora che il paese contribuisca all'attacco all'Unione Sovietica invece di essere assorbito da essa. Si prevedeva che il rapido successo dell'invasione avrebbe scoraggiato gli inglesi mentre incoraggiava i giapponesi ad avanzare in Asia. Est e quindi per distogliere gli americani da qualsiasi attività in Europa fino a quando la Germania non fosse in grado di attaccarli. Nell'agosto 1940 era in corso il piano per la campagna orientale, cosa di cui ci occuperemo nel capitolo 4. A quella data le parti diplomatiche di quei preparativi cominciavano ad avere un effetto sulla situazione internazionale. La Germania ha invertito la sua politica nei confronti della Finlandia, aspettandosi ora che il paese contribuisca all'attacco all'Unione Sovietica invece di essere assorbito da essa. Nell'agosto 1940 era in corso il piano per la campagna orientale, cosa di cui ci occuperemo nel capitolo 4. A quella data le parti diplomatiche di quei preparativi cominciavano ad avere un effetto sulla situazione internazionale. La Germania ha invertito la sua politica nei confronti della Finlandia, aspettandosi ora che il paese contribuisca all'attacco all'Unione Sovietica invece di essere assorbito da essa. Nell'agosto 1940 era in corso il piano per la campagna orientale, cosa di cui ci occuperemo nel capitolo 4. A quella data le parti diplomatiche di quei preparativi cominciavano ad avere un effetto sulla situazione internazionale. La Germania ha invertito la sua politica nei confronti della

Finlandia, aspettandosi ora che il paese contribuisca all'attacco all'Unione Sovietica invece di essere assorbito da essa.

I leader sovietici hanno notato questi cambiamenti nella politica tedesca e in novembre hanno inviato il ministro degli Esteri Viacheslav Molotov a Berlino per raggiungere un nuovo accordo. Il viaggio fu inutile, ma Stalin continuava a rifiutarsi di credere che la Germania intendesse attaccarlo. Né la copia della direttiva di Hitler per l'invasione, datata dicembre 1940, ottenuta dallo spionaggio sovietico, tanto meno il riassunto fornito agli americani da un oppositore del regime che Roosevelt gli trasmise nel febbraio 1941. Testardo, il leader sovietico continuò a fornire materiali chiave per la Germania, non allertò le forze armate del suo paese e non interferì con la ricognizione aerea dell'Unione Sovietica che i tedeschi iniziarono a svolgere nell'ottobre 1940.

La guerra in Africa e Medio Oriente

Mentre i tedeschi bombardavano la Gran Bretagna e si preparavano ad attaccare l'Unione Sovietica, le truppe di Mussolini fecero pochi progressi in Africa. Nel nord-est del continente, gli italiani occuparono il Somaliland britannico, una piccola colonia. Successivamente, tuttavia, l'esercito italiano in Eritrea, Somaliland italiano e Etiopia occupata non fu in grado di resistere alle forze britanniche che attaccavano dal Kenya nel febbraio 1941. I soldati italiani furono sconfitti e catturati oppure collocati in caserme. isolato. L'imperatore Haile Selassie tornò dall'esilio ad Addis Abeba e nell'aprile 1941 Roosevelt dichiarò che il Mar Rosso non era più una zona di guerra, consentendo alle navi americane che trasportavano rifornimenti per l'esercito britannico in Egitto di girare intorno al Capo di Buona Speranza e scaricare nel Canale di Suez. Ormai,

Nel frattempo, l'Italia aveva subito un'altra serie di sconfitte militari. I tedeschi avevano detto fermamente a Mussolini che volevano mantenere calmi i Balcani. Tuttavia, quando il dittatore italiano venne a sapere che la Germania avrebbe inviato truppe in Romania, concluse che l'obiettivo era impedire a qualsiasi altro paese di svolgere un ruolo significativo nella regione, che fosse l'Unione Sovietica o l'Italia. Quindi, per affermare la posizione del suo paese, ordinò l'invasione della Grecia alla fine di ottobre 1940 senza consultare Berlino, non più di quanto Berlino avesse consultato Roma prima di inviare soldati in Romania. La differenza era che mentre i rumeni speravano di combattere al fianco dei tedeschi contro l'Unione Sovietica per riconquistare le terre cedute ai sovietici, e forse anche di più, i greci combattevano contro gli italiani per mantenere la loro indipendenza.

L'esercito italiano in Libia era guidato male e impreparato come quello che invase la Grecia. Dopo una breve avanzata in Egitto, gli italiani si stabilirono mentre gli inglesi colsero l'occasione per rinforzarsi, perché nonostante il pericolo per la metropoli, Churchill aveva insistito sull'importanza di inviare rinforzi ed equipaggiamenti nel paese africano. L'11 novembre 1940, aerei britannici danneggiarono diverse corazzate italiane nel porto di Taranto, compromettendo le possibilità della marina italiana nel Mediterraneo. Poi, il 9 dicembre, gli inglesi attaccarono a sorpresa l'esercito italiano in Egitto, sconfiggendolo e riportandolo indietro di quasi cento chilometri fino al confine libico. Gli inglesi attaccarono di nuovo all'inizio di gennaio e di nuovo il mese successivo, quando distrussero gli italiani a Beda Fromm, dove catturarono più di centomila uomini. L'avanzata britannica giunse a quella che avrebbe potuto essere una battuta d'arresto temporanea a El Agheila. La possibilità di catturare il resto della Libia nel 1941 fu interrotta a causa della reazione tedesca alle sconfitte italiane e, a sua volta, della reazione britannica alle misure prese dalla Germania per salvare il suo alleato.

I fallimenti militari degli italiani in Grecia e in Africa costrinsero la dirigenza tedesca a confrontarsi con due problemi pratici. Se l'Italia avesse perso il suo intero impero coloniale, come sembrava sempre più probabile, avrebbe potuto portare al rovesciamento di Mussolini. Questo era qualcosa che preoccupava molto Hitler, che ancora una volta si offrì di inviare un corpo di spedizione in Libia. Il dittatore italiano ora ha accettato ciò che aveva precedentemente rifiutato. Questa fu l'origine dell'Africa Korps, la forza inviata nel nord del continente nel febbraio 1941 per assistere nella difesa della Libia e nell'offensiva in Egitto, sotto la guida di uno dei generali preferiti di Hitler, Erwin Rommel.

Dal punto di vista berlinese l'altro pericolo rappresentato dalla situazione italiana era la possibilità che aerei britannici, in volo da basi greche, attaccassero i giacimenti petroliferi rumeni, essenziali per lo sforzo bellico tedesco. Il meglio che i tedeschi poterono fare per affrontare questo problema fu attaccare la Grecia dalla Bulgaria e forse dalla Jugoslavia, proprio le zone di confine che i greci avevano lasciato sguarnite per fermare l'invasione italiana. Ottenere l'approvazione della Bulgaria doveva essere semplice e così è stato: è stato promesso loro il territorio greco per compensare la costa sul Mar Egeo che il paese aveva perso dopo la prima guerra mondiale. Per un po' è sembrato che la Germania stesse per raggiungere un accordo anche con la Jugoslavia, ma questa possibilità è stata vanificata dopo il colpo di stato del 27 marzo 1941, che ha sostituito il governo con cui i tedeschi avevano concordato. Detto questo, Hitler decise di attaccare sia la Jugoslavia che la Grecia.

Domenica 6 aprile 1941 i tedeschi iniziarono la nuova campagna con un massiccio bombardamento di Belgrado, la capitale jugoslava, e rapidi avanzamenti in quel paese e in Grecia (Carte 4a e b). L'invasione della Jugoslavia aveva lo scopo non solo di conquistare il paese, ma anche di impedire al suo esercito di ritirarsi a sud, come era accaduto durante la prima guerra mondiale. I tedeschi raggiunsero questo obiettivo e l'Italia, l'Ungheria e la Bulgaria li aiutarono a porre fine rapidamente alla guerra offrendo a ciascuno una parte del paese (anche la Germania ne annesse una parte). Il controllo della zona, però, non sarebbe stato facile come speravano i tedeschi, e negli anni successivi le forze di resistenza li avrebbero obbligati a mantenervi di stanza un buon numero di truppe proprie e italiane. I tedeschi riuscirono anche a penetrare nel nord della Grecia ed espellere la piccola forza britannica che era lì.

La conquista della Grecia ha aperto la possibilità di razziare l'isola di Creta. Un'invasione combinata di paracadutisti e navi da guerra riuscì nonostante la resistenza di una considerevole forza britannica. Ancora una volta gli inglesi dovettero evacuare i loro uomini, ma le perdite tra le truppe aviotrasportate tedesche furono così grandi che la Germania non ordinò più operazioni di paracadutisti per l'intera guerra. Gli attacchi italo-tedeschi all'isola di Malta misero a dura prova gli aerei e i sottomarini britannici lì, ma il rifiuto di impiegare una forza aviotrasportata per aiutare a catturare l'isola rese difficili i piani dell'Asse per ottenere il controllo dell'isola. non si sarebbero mai realizzati.

Per un breve periodo sembrava che l'Asse stesse per prendere il sopravvento in quello scenario. Rommel attaccò la Libia alla fine di marzo e costrinse rapidamente gli inglesi a rientrare in Egitto. Tuttavia, non riuscì a prendere la città portuale di Tobruk e quando gli inglesi riorganizzarono le unità evacuate dalla Grecia e da Creta riuscirono a fermare l'avanzata. Quindi, a metà giugno, lanciarono l'operazione "War Axe", ma non furono in grado di sconfiggere le forze italo-tedesche di Rommel. Nel frattempo, ad aprile è scoppiata una ribellione pro-Asse in Iraq, che le forze britanniche, principalmente dall'India, avrebbero represso nel mese successivo. Il leader della rivolta, Rashid Ali al-Gaylani, è fuggito in Germania, dove, come il nazionalista arabo palestinese Amin al-Husayni, sperava di ottenere aiuto per cacciare gli inglesi dal Medio Oriente, ignaro che il dominio tedesco o italiano sarebbe probabilmente più duro del dominio britannico. Quel poco aiuto che la Germania era in grado di fornire alla rivolta in Iraq fu inviato attraverso il mandato francese della Siria, dove le autorità di Vichy stavano facendo del loro meglio per collaborare con i tedeschi, cosa che alla fine portò gli inglesi a invadere il paese l'8 di Giugno. A differenza della debole resistenza ai tedeschi l'anno prima, le forze francesi in Siria hanno combattuto duramente contro i soldati australiani, britannici e indiani e le forze della Francia libera fino all'armistizio del 14 luglio. La Germania non è stata in grado di offrire un aiuto sostanziale per la difesa della

Siria perché era concentrata sull'invasione dell'Unione Sovietica: nei suoi piani la conquista del Medio Oriente sarebbe arrivata dopo, non prima, la campagna nell'est. Gli inglesi consegnarono la Siria a de Gaulle una volta che fu chiaro che non c'era pericolo immediato che i tedeschi tentassero un'offensiva nella regione. Un effetto importante delle vittorie britanniche in Iraq e Siria fu che la rotta di rifornimento meridionale per l'Unione Sovietica rimase nelle mani degli Alleati piuttosto che la pericolosa alternativa: una base dell'Asse che minacciava il Caucaso da sud. Gli inglesi consegnarono la Siria a de Gaulle una volta che fu chiaro che non c'era pericolo immediato che i tedeschi tentassero un'offensiva nella regione. Un effetto importante delle vittorie britanniche in Iraq e Siria fu che la rotta di rifornimento meridionale per l'Unione Sovietica rimase nelle mani degli Alleati piuttosto che la pericolosa alternativa: una base dell'Asse che minacciava il Caucaso da sud. Gli inglesi consegnarono la Siria a de Gaulle una volta che fu chiaro che non c'era pericolo immediato che i tedeschi tentassero un'offensiva nella regione. Un effetto importante delle vittorie britanniche in Iraq e Siria fu che la rotta di rifornimento meridionale per l'Unione Sovietica rimase nelle mani degli Alleati piuttosto che la pericolosa alternativa: una base dell'Asse che minacciava il Caucaso da sud.

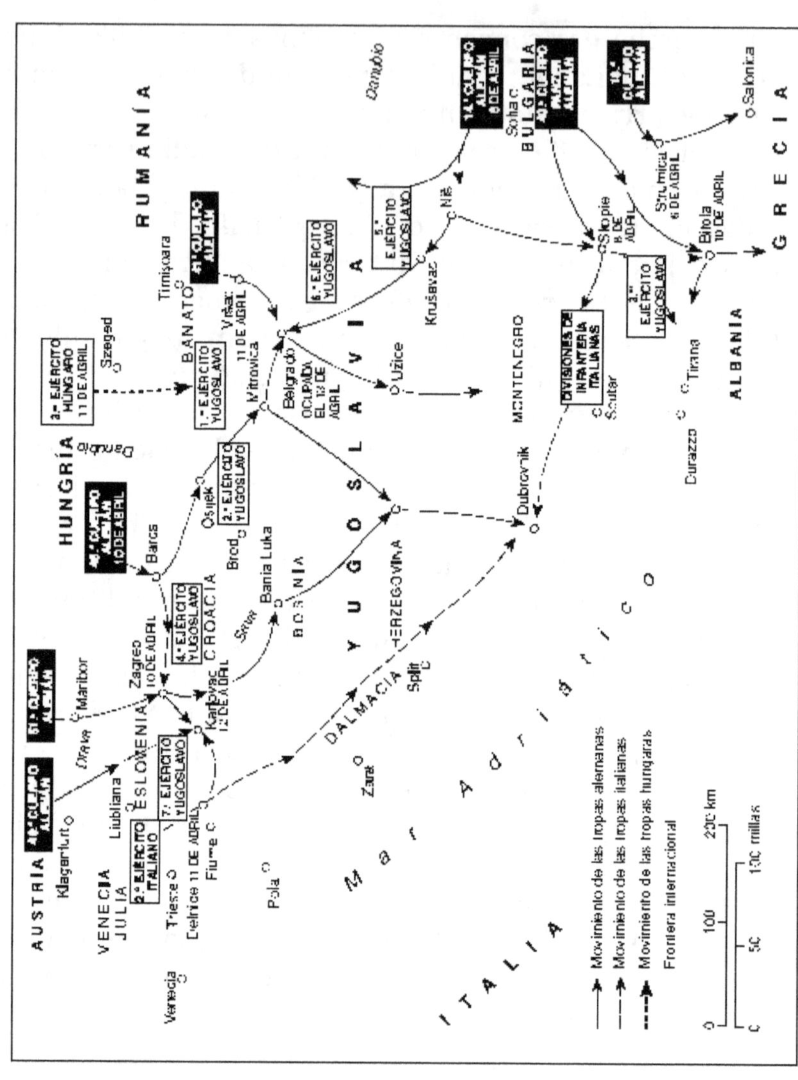

4a. La campagna contro la Jugoslavia

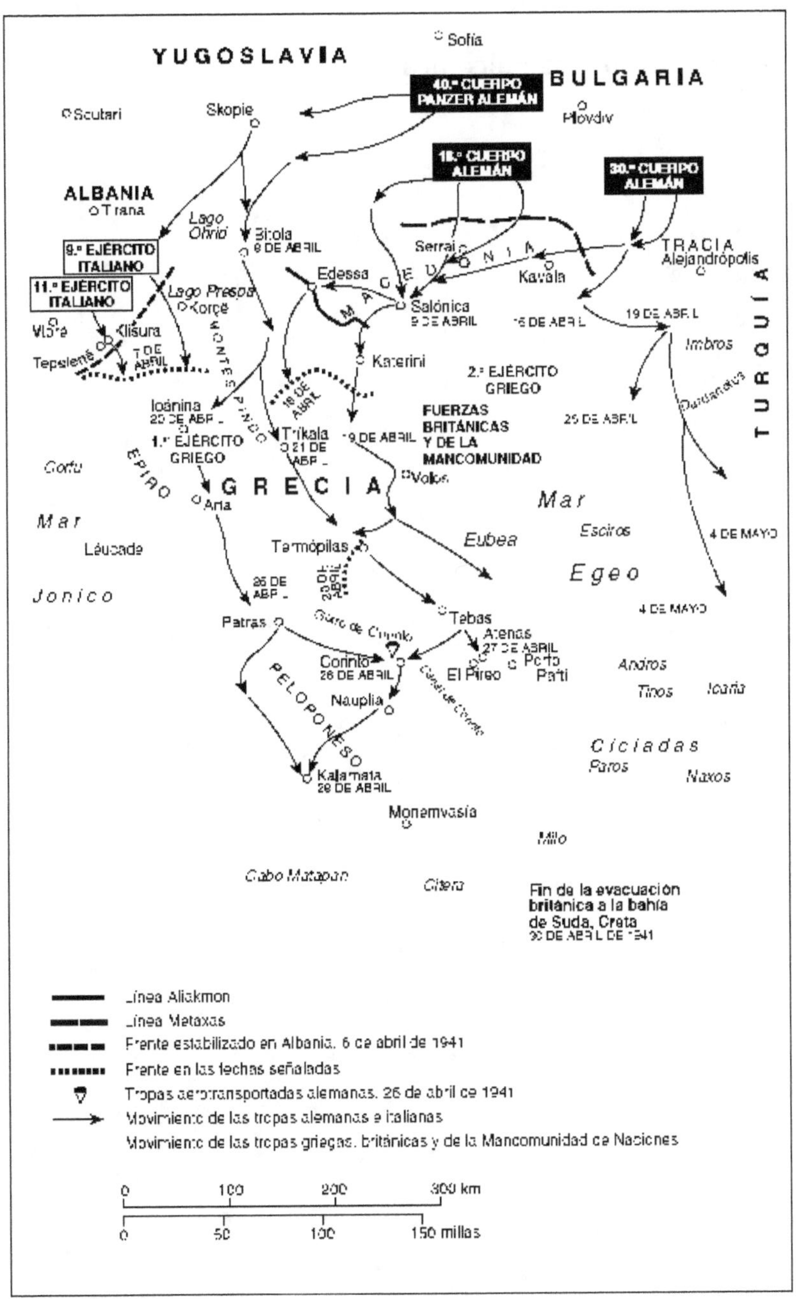
YUGOSLAVIA
BULGARIA
Sofía
40.º CUERPO PANZER ALEMÁN
18.º CUERPO ALEMÁN
30.º CUERPO ALEMÁN
Scutari
Skopie
Plovdiv
ALBANIA
Tirana
Lago Ohrid
Bitola
6 DE ABRIL
Serrai
TRACIA
Alejandrópolis
9.º EJÉRCITO ITALIANO
11.º EJÉRCITO ITALIANO
Edessa
Kavala
MACEDONIA
Lago Prespa
Korçe
Salónica
9 DE ABRIL
16 DE ABRIL
19 DE ABRIL
Vlöra
Klisura
Imbros
TURQUÍA
Tepelené
7 DE ABRIL
Katerini
2.º EJÉRCITO GRIEGO
Dardanelos
Ioánina
20 DE ABRIL
18 DE ABRIL
Trikala
21 DE ABRIL
19 DE ABRIL
FUERZAS BRITÁNICAS Y DE LA MANCOMUNIDAD
25 DE ABRIL
MONTES PINDO
1.º EJÉRCITO GRIEGO
Corfú
EPIRO
Arta
Volos
Mar
Esciros
4 DE MAYO
Mar
Láucade
Termópilas
Eubea
Egeo
Jonico
26 DE ABRIL
24 DE ABRIL
4 DE MAYO
Patras
Golfo de Corinto
Tebas
Atenas
27 DE ABRIL
Andros
Ioaria
Corinto
26 DE ABRIL
El Pireo
Porto Rafti
Tinos
Nauplia
Canal de Corinto
PELOPONESO
Ciciadas
Paros
Naxos
Kalamata
29 DE ABRIL
Monemvasia
Milo
Cabo Matapan
Citera
Fin de la evacuación británica a la bahía de Suda, Creta
30 DE ABRIL DE 1941
Línea Aliakmon
Línea Metaxas
Frente estabilizado en Albania, 6 de abril de 1941
Frente en las fechas señaladas
Tropas aerotransportadas alemanas, 26 de abril de 1941
Movimiento de las tropas alemanas e italianas
Movimiento de las tropas griegas, británicas y de la Mancomunidad de Naciones
0   100   200   300 km
0   50   100   150 millas

4b. La campagna balcanica

4

Operazione Barbarossa: L'invasione dell'Unione Sovietica

Pianificazione dell'invasione dell'Unione Sovietica e dell'Olocausto

Sebbene i tedeschi iniziassero a pianificare l'invasione dell'Unione Sovietica nell'estate del 1940, divenne presto chiaro a Hitler che i preparativi non stavano procedendo abbastanza velocemente perché la campagna, che secondo lui sarebbe stata breve, si sarebbe conclusa prima dell'arrivo dei sovietici . d'inverno. Il 31 luglio 1940 informò i suoi massimi consiglieri militari che l'invasione sarebbe avvenuta nella primavera del 1941. Preparativi pratici, come miglioramenti nei trasporti e nella fornitura di rifornimenti nella Prussia orientale e nelle aree controllate dai tedeschi della Polonia e del trasferimento di truppe dall'ovest, partirono immediatamente. Il piano redatto presso la sede delle forze armate nell'estate e nell'autunno del 1940 e nei primi mesi del 1941 si basava su diversi presupposti, molti dei quali poi si rivelarono errati. Si presumeva che la campagna sarebbe terminata prima dell'inverno 1941-1942; e che i primi colpi violenti avrebbero prodotto il crollo totale del regime. Tuttavia, la scarsa prestazione dell'Armata Rossa nella guerra contro la Finlandia nell'inverno 1939-1940, che rafforzò la sottovalutazione delle forze che la Germania e i suoi alleati avrebbero dovuto affrontare, nascose il fatto che un gran numero di soldati sovietici aveva in realtà ha continuato a combattere duramente nelle circostanze più difficili. Sebbene i sovietici avessero offerto loro un suggerimento implicito sulle capacità della propria armatura quando una commissione in visita chiese dove la Germania producesse i suoi grandi carri armati dopo aver appreso della fabbrica in cui venivano prodotti i Panzer IV, allora il più grande nel loro arsenale, i tedeschi presumevano che questo sarebbe stato adatto per la campagna contro l'armatura e la fanteria sovietiche. La campagna avrebbe utilizzato anche un buon numero di carri armati catturati dai francesi e requisiti dai cecoslovacchi, oltre a vari camion sia tedeschi che catturati da altri paesi, ma poca attenzione è stata prestata alle questioni logistiche che una tale varietà di armature e veicoli poste in termini di parti e strutture di riparazione in una campagna che prevedeva di percorrere lunghe distanze in regioni dove c'erano poche strade e, generalmente, in cattive condizioni. Poiché la rapida vittoria sull'Unione Sovietica doveva essere seguita dall'avanzata in Medio Oriente, ma poca attenzione è stata prestata ai problemi logistici che una tale varietà di armature e veicoli poneva in termini di parti e strutture di riparazione in una campagna che prevedeva il viaggio su lunghe distanze in regioni dove c'erano poche strade e, generalmente, in cattive condizioni. Poiché la rapida vittoria sull'Unione Sovietica doveva essere seguita dall'avanzata in Medio Oriente, ma poca attenzione è stata prestata ai problemi logistici che una tale varietà di armature e veicoli poneva in termini di parti e strutture di riparazione in una campagna che prevedeva il viaggio su lunghe distanze in regioni dove c'erano poche strade e, generalmente, in cattive condizioni. Poiché la rapida vittoria sull'Unione Sovietica doveva essere seguita dall'avanzata in Medio Oriente,

I preparativi diplomatici per l'invasione dell'Unione Sovietica includevano il coinvolgimento di Finlandia e Romania da parte tedesca. Si presumeva giustamente che entrambi i paesi volessero reclamare il territorio che erano stati costretti a cedere ai sovietici e, forse, strappare un po' di più al nemico sconfitto. La Svezia neutrale fu persuasa a consentire alle truppe tedesche di transitare non solo da e verso la Norvegia occupata, ma anche quando avrebbero dovuto prendere parte all'invasione all'estremità settentrionale del fronte finno-sovietico. Con quel fronte ci sarebbe stato il gruppo dell'esercito tedesco che doveva farsi strada attraverso gli stati baltici fino a Leningrado, mentre un gruppo dell'esercito più grande, supportato da un numero significativo di soldati rumeni, avrebbe conquistato l'Ucraina,

In relazione al ruolo della Romania nella campagna, Hitler stesso spiegò al leader rumeno, il maresciallo Ion Antonescu, un obiettivo importante dell'invasione nell'incontro che ebbero il 12 giugno 1941. Alla domanda su cosa sarebbe successo con A causa del un gran numero di ebrei che vivevano nelle aree che sarebbero state occupate dalle truppe rumene e tedesche, Hitler gli disse che sarebbero stati giustiziati. Quando si tenne questa riunione, erano già in corso ampi preparativi per organizzare e dirigere unità speciali della polizia di sicurezza e della "polizia dell'ordine", tra le altre, per accompagnare l'esercito e uccidere sistematicamente tutti gli ebrei nell'Unione Sovietica. A causa della velocità con cui l'offensiva è avanzata, il piano avrebbe subito variazioni e problemi locali; ma con il pieno appoggio dell'esercito,

La Germania invade l'Unione Sovietica

I tedeschi attaccarono l'Unione Sovietica nelle prime ore del 22 giugno 1941 con un esercito di oltre tre milioni di uomini e più di seicentomila cavalli, a cui vanno aggiunti i quasi un milione di truppe degli eserciti di Romania e Finlandia. L'aviazione tedesca attaccò gli aeroporti sovietici ei pochi aerei che riuscirono a decollare, e distruggendo diverse migliaia di aerei nei primi giorni dell'offensiva si assicurò il controllo dell'aria per la fase iniziale della campagna. Gli errori di Stalin facilitarono le vittorie tedesche. Le epurazioni effettuate negli anni 1937-1939 lasciarono l'Armata Rossa senza ufficiali sufficientemente preparati ed esperti a tutti i livelli. La paura dell'opposizione interna all'occupazione di qualsiasi parte del paese lo ha portato a distribuire un gran numero di forze vicino al confine, rendendole vulnerabili all'accerchiamento. L'espansione verso ovest dell'Unione dopo le annessioni del 1939-1940 fece trascurare le vecchie fortificazioni senza il tempo sufficiente per costruirne di nuove; in questo senso, le annessioni non rafforzarono ma indebolirono la capacità difensiva dei sovietici. Il rifiuto di Stalin di credere ai propri servizi di intelligence e alle informazioni fornite dai governi degli Stati Uniti e del Regno Unito non solo significava che la ricognizione aerea del paese effettuata dai tedeschi mesi prima dell'invasione non era stata impedita, ma anche che, in molti luoghi, l'iniziale avanzata via terra non fu contrastata, poiché Stalin temeva le rappresaglie che tale azione potesse scatenare. In tali circostanze, le offensive corazzate tedesche sfondarono rapidamente l'Armata Rossa nelle sezioni settentrionale e centrale del fronte. Decine di migliaia di soldati dell'Armata Rossa si arresero e grandi quantità di equipaggiamento sovietico caddero nelle mani dei tedeschi. Furono queste vittorie iniziali che portarono Hitler e il generale Halder a credere che la campagna orientale fosse sostanzialmente vinta dopo le prime sei settimane (vedi Mappa 5). Le offensive corazzate tedesche sfondarono rapidamente l'Armata Rossa nelle sezioni settentrionale e centrale del fronte. Decine di migliaia di soldati dell'Armata Rossa si arresero e grandi quantità di equipaggiamento sovietico caddero nelle mani dei tedeschi. Furono queste vittorie iniziali che portarono Hitler e il generale Halder a credere che la campagna orientale fosse sostanzialmente vinta dopo le prime sei settimane (vedi Mappa 5). Le offensive corazzate tedesche sfondarono rapidamente l'Armata Rossa nelle sezioni settentrionale e centrale del fronte. Decine di migliaia di soldati dell'Armata Rossa si arresero, e grandi quantità di equipaggiamento sovietico caddero nelle mani dei tedeschi. Furono queste vittorie iniziali che portarono Hitler e il generale Halder a credere che la campagna orientale fosse sostanzialmente vinta dopo le prime sei settimane (vedi Mappa 5).

Sebbene le vittorie tattiche dell'attacco tedesco iniziale fossero impressionanti, diverse caratteristiche dei primi due mesi di combattimenti indicavano già un esito diverso, cosa che praticamente nessuno al quartier generale tedesco si rese conto. Dal punto di vista tecnico, era chiaro che i carri armati sovietici, il KV-1 e il T-34, erano superiori a qualsiasi armatura tedesca. Nello stesso autunno i tedeschi ordinarono lo sviluppo e la produzione di carri armati migliori, ma i nuovi tipi, il Panzer V Panther e il Panzer VI Tiger, non sarebbero stati pronti per il campo di battaglia fino alla fine del 1942 e non in numero consistente fino al 1943. Dal lato umano , i tedeschi non si rendevano conto che in molti casi gli uomini dell'Armata Rossa combattevano tenacemente e talvolta si nascondevano sul campo per continuare a resistere, qualcosa a cui furono incoraggiati dal gran numero di prigionieri di guerra e dal numero ancora maggiore di civili uccisi dai tedeschi. Nell'aspetto politico abbiamo quello che per il resto del conflitto sarebbe il fatto chiave: come Alessandro I contro Napoleone, ea differenza di Nicola II e del governo provvisorio nella prima guerra mondiale, il regime mantenne il controllo effettivo delle parti. paese non occupato. Ciò ha permesso di mobilitare nuove divisioni di truppe e inviarle in battaglia, di evacuare le fabbriche e continuare la produzione in quelle precedentemente costruite nell'area degli Urali e per diversi anni di sostituire tutte le vittime, anche quando iniziò la capacità della Germania di farlo rifiutare. Come Alessandro I contro Napoleone, ea differenza di Nicola II e del governo provvisorio nella prima guerra mondiale, il regime ha mantenuto il controllo effettivo delle parti non occupate del paese. Ciò ha permesso di mobilitare nuove divisioni di truppe e inviarle in battaglia, di evacuare le fabbriche e continuare la produzione in quelle precedentemente costruite nell'area degli Urali e per diversi anni di sostituire tutte le vittime, anche quando iniziò la capacità della Germania di farlo rifiutare. Come Alessandro I contro Napoleone, ea differenza di Nicola II e del governo provvisorio nella prima guerra mondiale, il regime mantenne il controllo effettivo delle parti non occupate del paese. Ciò ha permesso di mobilitare nuove divisioni di truppe e inviarle in battaglia, di evacuare le fabbriche e continuare la produzione in quelle precedentemente costruite nell'area degli Urali e per diversi anni di sostituire tutte le vittime, anche quando iniziò la capacità della Germania di farlo rifiutare.

È anche importante notare che anche nei primi mesi della campagna, la Germania ei suoi alleati incontrarono una resistenza abbastanza seria all'estremità settentrionale e meridionale del fronte. Nel nord, la forza tedesca che doveva prendere il porto sovietico di Murmansk non riuscì a farlo. Ironia della sorte, i sovietici la fermarono bene a ovest del porto, nello stesso luogo dove avevano permesso alla marina tedesca di avere una base negli anni in cui i due paesi erano stati alleati. Inoltre, sebbene gli eserciti finlandesi avanzassero attraverso il territorio che avevano dovuto cedere all'Unione Sovietica nel trattato di pace del marzo 1940, non riuscirono a interrompere le comunicazioni ferroviarie tra Murmansk e l'interno del paese e non incontrarono il forze. Tedeschi in marcia su Leningrado.

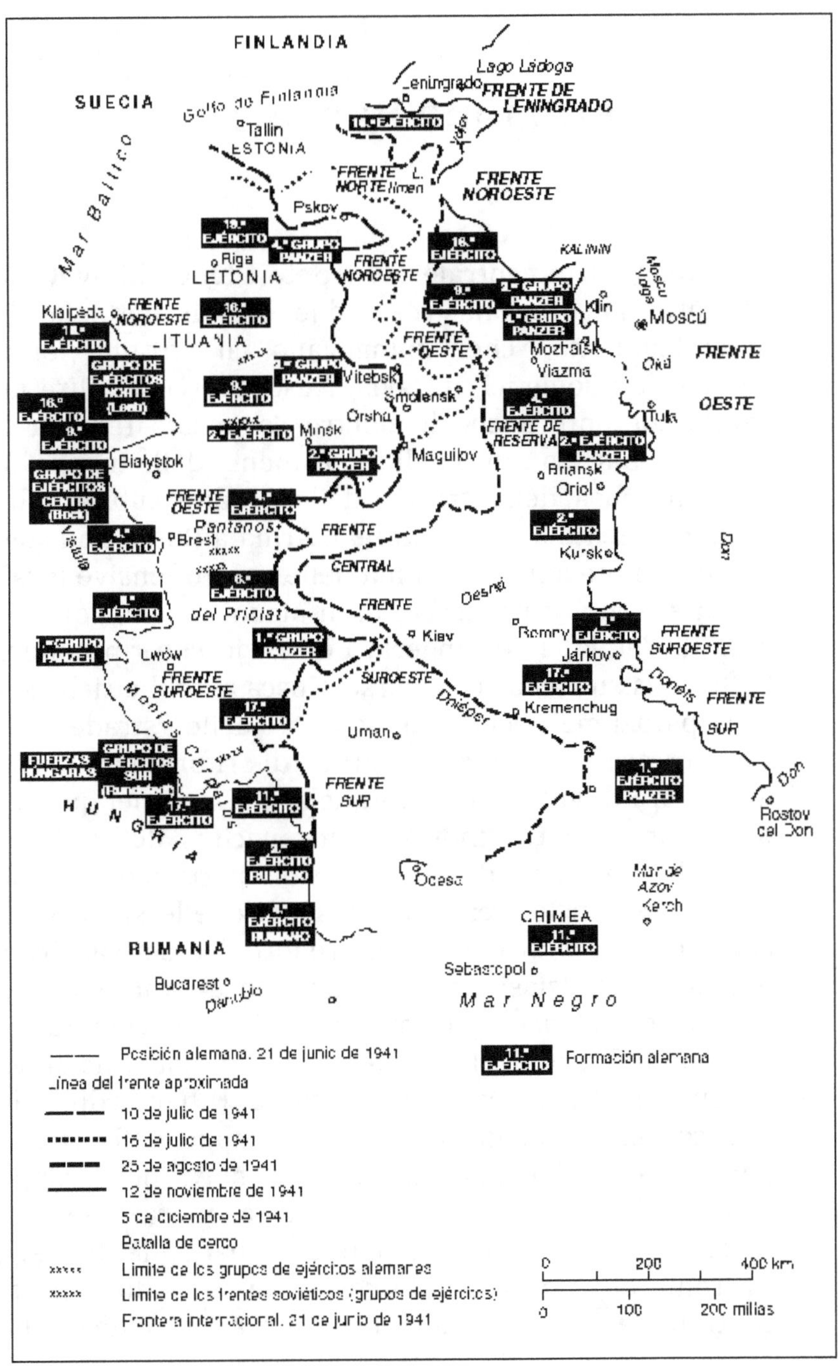
FINLANDIA
SUECIA
Golfo de Finlandia
Lago Ládoga
Leningrado
FRENTE DE LENINGRADO
11.ª EJÉRCITO
Tallin
ESTONIA
FRENTE L. NORTE Ilmen
FRENTE NOROESTE
Pskov
Mar Báltico
18.ª EJÉRCITO
Riga
4.ª GRUPO PANZER
FRENTE NOROESTE
LETONIA
16.ª EJÉRCITO
KALININ
9.ª EJÉRCITO
2.ª GRUPO PANZER
4.ª GRUPO PANZER
Klin
Moscú
Volga
Moscú
Klaipeda
FRENTE NOROESTE
16.ª EJÉRCITO
LITUANIA
1.ª EJÉRCITO
GRUPO DE EJÉRCITOS NORTE (Leeb)
1.ª GRUPO PANZER
Vitebsk
FRENTE OESTE
Mozhaisk
Viazma
Oká
FRENTE OESTE
16.º EJÉRCITO
9.º EJÉRCITO
8.ª EJÉRCITO
Smolensk
4.ª EJÉRCITO
Tula
Bialystok
2.ª EJÉRCITO
Minsk
Orsha
Maguilov
FRENTE DE RESERVA
2.ª EJÉRCITO PANZER
GRUPO DE EJÉRCITOS CENTRO (Bock)
2.ª GRUPO PANZER
Briansk
Oriol
Vístula
4.ª EJÉRCITO
FRENTE OESTE
4.ª EJÉRCITO
Brest
Pantanos
2.ª EJÉRCITO
FRENTE CENTRAL
Kursk
Don
1.ª EJÉRCITO
6.ª EJÉRCITO
del Pripiat
FRENTE
Desná
1.ª GRUPO PANZER
Lwów
1.ª GRUPO PANZER
Kiev
Romny
1.ª EJÉRCITO
FRENTE SUROESTE
FRENTE SUROESTE
SUROESTE
Járkov
17.ª EJÉRCITO
Dniéper
17.ª EJÉRCITO
Montes Cárpatos
Uman
FRENTE SUR
Kremenchug
Donéts
FRENTE SUR
FUERZAS HÚNGARAS
GRUPO DE EJÉRCITOS SUR (Rundstedt)
1.ª EJÉRCITO PANZER
Don
HUNGRÍA
17.ª EJÉRCITO
11.ª EJÉRCITO
Rostov del Don
2.ª EJÉRCITO RUMANO
Odesa
Mar de Azov
Kerch
4.ª EJÉRCITO RUMANO
CRIMEA
11.ª EJÉRCITO
RUMANÍA
Sebastopol
Bucarest
Danubio
Mar Negro
Posición alemana. 21 de junio de 1941
11.ª EJÉRCITO   Formación alemana
Línea del frente aproximada
10 de julio de 1941
16 de julio de 1941
25 de agosto de 1941
12 de noviembre de 1941
5 de diciembre de 1941
Batalla de cerco
Límite de los grupos de ejércitos alemanes
Límite de los frentes soviéticos (grupos de ejércitos)
Frontera internacional. 21 de junio de 1941
0   200   400 km
0   100   200 millas

5. L'operazione Barbarroja

Nella parte centrale del fronte i tedeschi avevano condotto ancora una volta due grandi battaglie di accerchiamento che spingevano il fronte oltre Smolensk. I sovietici, tuttavia, riuscirono a stabilire un fronte coerente anche lì mentre l'avanzata tedesca si fermò, in parte a causa dell'esaurimento delle truppe, in parte a causa dell'attrito e delle perdite subite dalle unità corazzate e motorizzate. L'Armata Rossa non solo ricevette notevoli rinforzi ma nelle controffensive locali riuscì a fermare i tedeschi o, in alcuni luoghi, come la città di Yelnia, a respingerli. Era ovvio che riprendere l'offensiva su vasta scala verso Mosca avrebbe richiesto la riparazione delle ferrovie e delle strade per concentrare l'enorme quantità di rifornimenti che avrebbero dovuto sostituire quelli utilizzati nei quattro mesi precedenti. Inoltre, l'incapacità delle forze tedesche e rumene di avanzare sulla parte meridionale del fronte con lo stesso successo di quelle sulla parte centrale minacciava di consentire loro di essere aggirate da sud in qualsiasi tentativo tedesco di riprendere la marcia su Mosca; più avanzato è, più vulnerabile sarebbe il fianco. Di fronte al ritardo forzato che stava subendo la parte centrale del fronte, Hitler ordinò un attacco verso sud del Centro del gruppo dell'esercito per unirsi a un attacco verso il nord del gruppo dell'esercito sud. Di fronte a questa operazione, che sarebbe poi diventata nota come la "battaglia di Kiev", Di fronte al ritardo forzato che stava subendo la parte centrale del fronte, Hitler ordinò un attacco verso sud del Centro del gruppo dell'esercito per unirsi a un attacco verso il nord del gruppo dell'esercito sud. Di fronte a questa operazione, che sarebbe poi diventata nota come la "battaglia di Kiev", Di fronte al ritardo forzato che stava subendo la parte centrale del fronte, Hitler ordinò un attacco verso sud del Centro del gruppo dell'esercito per unirsi a un attacco verso il nord del gruppo dell'esercito sud. Di fronte a questa operazione, che sarebbe poi diventata nota come la "battaglia di Kiev",

Entro ottobre, mentre i tedeschi si preparavano a lanciare un'offensiva su vasta scala verso Mosca, entrambe le parti in guerra iniziarono a ricevere sostegno. L'Ungheria, che era entrata in guerra al fianco della Germania, inviò un piccolo contingente, principalmente per paura che la Romania diventasse un alleato troppo importante per i tedeschi. Anche Mussolini non volle essere ignorato e inviò diverse divisioni a combattere a fianco dei tedeschi sulla parte meridionale del fronte. Contingenti arrivarono anche dagli stati fantoccio di Croazia e Slovacchia, mentre Francisco Franco, il dittatore spagnolo, inviò quella che fu chiamata la "Divisione Blu". Questo avrebbe combattuto nella parte settentrionale del fronte e, dopo essere tornato in Spagna a causa delle pressioni degli alleati occidentali, sarebbe stato sostituito dalla legione volontaria spagnola, un'unità molto più piccola. I tedeschi reclutarono anche volontari dalle parti d'Europa che avevano occupato e alla fine furono organizzate unità composte da volontari ucraini, danesi, norvegesi e francesi. Quest'ultima, la cosiddetta "unità Carlo Magno", avrebbe finito per aiutare a difendere Berlino nel 1945. C'erano anche numerosi ucraini e altri disertori dell'Armata Rossa che si unirono alla parte tedesca.

Il governo britannico ha deciso di aiutare l'Unione Sovietica non appena ha appreso dell'invasione tedesca. Le spedizioni di materiale militare furono effettuate il prima possibile nonostante le quantità fossero piccole e necessarie per il rafforzamento della Malesia. Le truppe britanniche e sovietiche occuparono l'Iran in modo che la ferrovia nord-sud del paese potesse essere utilizzata per inviare aiuti. Quella rotta finirebbe per trasportare un quarto degli aiuti statunitensi (un altro quarto arriverebbe attraverso i porti settentrionali di Murmansk e Arkhangelsk, e il resto via nave e aereo attraverso il Pacifico). Il presidente Roosevelt era molto più fiducioso dei suoi consiglieri che l'Unione Sovietica avrebbe resistito all'offensiva tedesca, un'opinione rafforzata dal suo consigliere Harry Hopkins, che inviò a Mosca per incontrare Stalin e valutare la situazione. Inizialmente è stato difficile convincere il pubblico americano che inviare aiuti alla Russia fosse una buona idea, ma nel tempo è cambiato. Da parte sua, l'opinione pubblica britannica sentiva non solo di avere ora un importante alleato nella guerra, ma anche un certo sollievo dal fatto che l'aviazione tedesca avesse smesso di bombardare la Gran Bretagna per supportare l'offensiva a est. I rappresentanti militari e diplomatici inviati dal Regno Unito e dagli Stati Uniti in Unione Sovietica non furono mai trattati come i loro predecessori tedeschi, ma nonostante le infinite difficoltà e lamentele, l'alleanza militare tra le tre potenze resse. L'opinione pubblica britannica sentiva non solo di avere ora un importante alleato nella guerra, ma anche un certo sollievo dal fatto che l'aviazione tedesca avesse smesso di bombardare la Gran Bretagna per supportare l'offensiva a est. I rappresentanti militari e diplomatici inviati dal Regno Unito e dagli Stati Uniti in Unione Sovietica non furono mai trattati come i loro predecessori tedeschi, ma nonostante le infinite difficoltà e lamentele, l'alleanza militare tra le tre potenze resse. L'opinione pubblica britannica sentiva non solo di avere ora un importante alleato nella guerra, ma anche un certo sollievo dal fatto che l'aviazione tedesca avesse smesso di bombardare la Gran Bretagna per supportare l'offensiva a est. I rappresentanti militari e diplomatici inviati dal Regno Unito e dagli Stati Uniti in Unione Sovietica non furono mai trattati come i loro predecessori tedeschi, ma nonostante le infinite difficoltà e lamentele, l'alleanza militare tra le tre potenze resse. ma nonostante infinite difficoltà e lamentele, l'alleanza militare tra le tre potenze resse. L'opinione pubblica britannica sentiva non solo di avere ora un importante alleato nella guerra, ma anche un certo sollievo dal fatto che l'aviazione tedesca avesse smesso di bombardare la Gran Bretagna per supportare l'offensiva a est. I rappresentanti militari e diplomatici inviati dal Regno Unito e dagli Stati Uniti in Unione Sovietica non furono mai trattati come i loro predecessori tedeschi, ma nonostante le infinite difficoltà e lamentele, l'alleanza militare tra le tre potenze resse. ma nonostante infinite difficoltà e lamentele, l'alleanza militare tra le tre potenze resse. L'opinione pubblica britannica sentiva non solo di avere ora un importante alleato nella guerra, ma anche un certo sollievo dal fatto che l'aviazione tedesca avesse smesso di bombardare la Gran Bretagna per supportare l'offensiva a est. I rappresentanti militari e diplomatici inviati dal Regno Unito e dagli Stati Uniti in Unione Sovietica non furono mai trattati come i loro predecessori tedeschi, ma nonostante le infinite difficoltà e lamentele, l'alleanza militare tra le tre potenze resse.

Nei primi mesi dell'offensiva e dell'occupazione, alcune caratteristiche della politica tedesca divennero chiare alla popolazione sovietica locale e, grazie a voci e altri mezzi, anche al resto del popolo sovietico, il che sarebbe estremamente importante. L'omicidio di massa di civili, il massacro di pazienti negli ospedali e negli istituti di salute mentale e la politica sistematica di far morire di fame i prigionieri di guerra (i tedeschi giustiziarono coloro che cercavano di portare loro cibo e acqua) si dimostrarono rapidamente ai sovietici che combattevano per il loro vite. La maggior parte degli adulti e degli anziani nelle aree appena conquistate era a conoscenza dell'occupazione da parte degli eserciti della Germania e dei suoi alleati nella guerra precedente, e sebbene ci fossero stati terribili incidenti allora, divenne presto evidente che si trattava di un esercito completamente diverso. Qualunque cosa pensassero del massacro sistematico degli ebrei, la maggior parte della popolazione locale concluse che molto probabilmente sarebbero stati i prossimi. Molti in Ucraina e negli stati baltici inizialmente pensavano che la Germania li avrebbe liberati dall'oppressivo regime sovietico, ma sempre più arrivarono a capire che l'espropriazione e lo sterminio erano gli obiettivi centrali dei tedeschi. Alcuni in Ucraina non si sono mai resi conto che, a differenza di Stalin, il cui obiettivo era trasformarli in buoni comunisti, non importa quanti dovessero morire nel processo, quello che Hitler aveva pianificato era cancellarli dalla faccia della terra (e sostituirli con coloni). tedeschi). Tuttavia, nel tempo, una parte crescente della popolazione l'ha capito. Nella primavera del 1942 i tedeschi stimarono che nei primi sette mesi di combattimenti, più di due milioni di prigionieri dell'Armata Rossa erano stati uccisi o erano morti di malattia o di fame sotto la loro custodia:

diecimila morti al giorno, sette giorni su sette. settimana. Con poche eccezioni, nessuno conosceva queste statistiche, ma la realtà di base era ovvia per tutti. L'esercito tedesco trasformò Stalin da un odiato e temuto dittatore nel benevolo protettore e salvatore dei popoli dell'Unione Sovietica. più di due milioni di prigionieri dell'Armata Rossa erano stati uccisi o erano morti di malattia o di fame sotto la loro custodia: diecimila morti al giorno, sette giorni su sette. Con poche eccezioni, nessuno conosceva queste statistiche, ma la realtà di base era ovvia per tutti. L'esercito tedesco trasformò Stalin da un odiato e temuto dittatore nel benevolo protettore e salvatore dei popoli dell'Unione Sovietica. più di due milioni di prigionieri dell'Armata Rossa erano stati uccisi o erano morti di malattia o di fame sotto la loro custodia: diecimila morti al giorno, sette giorni su sette. Con poche eccezioni, nessuno conosceva queste statistiche, ma la realtà di base era ovvia per tutti. L'esercito tedesco trasformò Stalin da un odiato e temuto dittatore nel benevolo protettore e salvatore dei popoli dell'Unione Sovietica.

Il fronte orientale nell'inverno 1941-1942

In ottobre e novembre i tedeschi lanciarono offensive in direzione di Mosca. In alcuni luoghi le truppe avanzarono senza sosta, ma guadagni sostanziali furono compensati da guadagni minimi altrove. A Mosca sono state evacuate le ambasciate straniere e sono stati preparati piani per il trasferimento di agenzie governative e la distruzione di strutture nella capitale. Il fronte, tuttavia, resse, e mentre l'Armata Rossa riceveva rinforzi, le unità tedesche erano sempre più logorate. Quello che non viene rivelato leggendo le memorie del dopoguerra dei generali tedeschi è che la neve era altrettanto profonda e il freddo altrettanto intenso per i soldati dell'Armata Rossa; il punto era semplicemente che i tedeschi non erano abituati a tali condizioni. Cosa c'è di più,

Mentre al centro i tedeschi continuavano ad avanzare molto lentamente e con grande difficoltà, alle due estremità del fronte l'Armata Rossa ottenne vittorie locali. A sud, l'avanzata tedesca aveva raggiunto Rostov, la porta del Caucaso. Alla fine di novembre una controffensiva sovietica li cacciò fuori città e li respinse in una posizione più a ovest. Nel nord, la forza che era arrivata a Tijvin nella speranza di entrare in contatto con l'esercito finlandese fu similmente respinta. Sul fronte di Mosca l'avanzata tedesca si fermò completamente all'inizio di dicembre, proprio mentre i sovietici stavano per lanciare una grande controffensiva.

Le informazioni fornite dalle spie sovietiche in Giappone e l'apparente assenza di una significativa concentrazione di forze in Manciuria hanno chiarito a Stalin che i giapponesi avevano deciso di rispettare il patto di neutralità che avevano firmato con l'Unione Sovietica in aprile e che invece dopo aver aderito I tedeschi nell'attaccare le province dell'estremo oriente del paese, si stavano preparando ad attaccare gli Stati Uniti, il Regno Unito e i Paesi Bassi. Ciò significava che era possibile spostare la maggior parte delle forze sovietiche nell'Estremo Oriente, molte con l'esperienza della precedente guerra contro il Giappone, in Europa e sostituirle, almeno in parte, con alcune delle formazioni di nuova organizzazione. Rinforzata all'inizio di dicembre dalle divisioni della Siberia, l'Armata Rossa attaccò un fronte centrale tedesco completamente ignaro ed esausto. In alcuni luoghi i soldati tedeschi fuggirono in preda al panico, in altri combatterono tenacemente, ma la situazione si risolse presto in una grande vittoria per i sovietici. Questi non solo erano riusciti a fermare l'avanzata e respingere un po' gli invasori, ma avevano anche sfondato le linee tedesche in diversi punti, minacciando di circondare un numero significativo di unità, e continuavano a premere verso ovest (Mappa 6). Privati dell'attrezzatura necessaria per far fronte alle intemperie, i soldati tedeschi si congelarono ei cavalli malnutriti non furono in grado di trascinare il materiale attraverso la neve. Tuttavia, questa sconfitta non si è tradotta nel crollo totale del fronte tedesco per due ragioni principali. In alcuni luoghi i soldati tedeschi fuggirono in preda al panico, in altri combatterono tenacemente, ma la situazione si risolse presto in una grande vittoria per i sovietici. Questi non solo erano riusciti a fermare l'avanzata e respingere un po' gli invasori, ma avevano anche sfondato le linee tedesche in diversi punti, minacciando di circondare un numero significativo di unità, e continuavano a premere verso ovest (Mappa 6). Privati dell'attrezzatura necessaria per far fronte alle intemperie, i soldati tedeschi si congelarono ei cavalli malnutriti non furono in grado di trascinare il materiale attraverso la neve. Tuttavia, questa sconfitta non si è tradotta nel crollo totale del fronte tedesco per due ragioni principali. In alcuni luoghi i soldati tedeschi fuggirono in preda al panico, in altri combatterono tenacemente, ma la situazione si risolse presto in una grande vittoria per i sovietici. Questi non solo erano riusciti a fermare l'avanzata e respingere un po' gli invasori, ma avevano anche sfondato le linee tedesche in più punti, minacciando di circondare un numero significativo di unità, e ha continuato a premere verso ovest (mappa 6). Privati dell'attrezzatura necessaria per far fronte alle intemperie, i soldati tedeschi si congelarono ei cavalli malnutriti non furono in grado di trascinare il materiale attraverso la neve. Tuttavia, questa sconfitta non si è tradotta nel crollo totale del fronte tedesco per due ragioni principali. ma la situazione si risolse presto con una grande vittoria per i sovietici. Questi non solo erano riusciti a fermare l'avanzata e respingere un po' gli invasori, ma avevano anche sfondato le linee tedesche in diversi punti, minacciando di circondare un numero significativo di unità, e continuavano a premere verso ovest (Mappa 6). Privati dell'attrezzatura necessaria per far fronte alle intemperie, i soldati tedeschi si congelarono ei cavalli malnutriti non furono in grado di trascinare il materiale attraverso la neve. Tuttavia, questa sconfitta non si è tradotta nel crollo totale del fronte tedesco per due ragioni principali. ma la situazione si risolse presto con una grande vittoria per i sovietici. Questi non solo erano riusciti a fermare l'avanzata e respingere un po' gli invasori, ma avevano anche sfondato le linee tedesche in diversi punti, minacciando di circondare un numero significativo di unità, e continuavano a premere verso ovest (Mappa 6). Privati dell'attrezzatura necessaria per far fronte alle intemperie, i soldati tedeschi si congelarono ei cavalli malnutriti non furono in grado di trascinare il materiale attraverso la neve. Tuttavia, questa sconfitta non si è tradotta nel crollo totale del fronte tedesco per due ragioni principali. hanno anche sfondato le linee tedesche in diversi punti, minacciando di circondare un numero significativo di unità, e hanno continuato a premere verso ovest (Mappa 6). Privati dell'attrezzatura necessaria per far fronte alle intemperie, i soldati tedeschi si congelarono ei cavalli malnutriti non furono in grado di trascinare il materiale attraverso la neve. Tuttavia, questa sconfitta non si è tradotta nel crollo totale del fronte tedesco per due ragioni principali. hanno anche sfondato le linee tedesche in diversi punti, minacciando di circondare un numero significativo di unità, e hanno continuato a premere verso ovest (Mappa 6). Privati dell'attrezzatura necessaria per far fronte alle intemperie, i soldati tedeschi si congelarono ei cavalli malnutriti non furono in grado di trascinare il materiale attraverso la neve. Tuttavia, questa sconfitta non si è tradotta nel crollo totale del fronte tedesco per due ragioni principali. questa sconfitta non si è tradotta nel crollo totale del fronte tedesco per due ragioni principali. hanno anche sfondato le linee tedesche in diversi punti, minacciando di circondare un numero significativo di unità, e hanno continuato a premere verso ovest (Mappa 6). Privati dell'attrezzatura necessaria per far fronte alle intemperie, i soldati tedeschi si congelarono ei cavalli malnutriti non furono in grado di trascinare il materiale attraverso la neve. Tuttavia, questa sconfitta non si è tradotta nel crollo totale del fronte tedesco per due ragioni principali. questa sconfitta non si è tradotta nel crollo totale del fronte tedesco per due ragioni principali. hanno anche sfondato le linee tedesche in diversi punti, minacciando di circondare un numero significativo di unità, e hanno continuato a premere verso ovest (Mappa 6). Privati dell'attrezzatura necessaria per far fronte alle intemperie, i soldati tedeschi si congelarono ei cavalli malnutriti non furono in grado di trascinare il materiale attraverso la neve. Tuttavia, questa sconfitta non si è tradotta nel crollo totale del fronte tedesco per due ragioni principali. i soldati tedeschi si congelarono ei cavalli malnutriti non furono in grado di trascinare il materiale attraverso la neve. Tuttavia, questa sconfitta non si è tradotta nel crollo totale del fronte tedesco per due ragioni principali. i soldati tedeschi si congelarono ei cavalli malnutriti non furono in grado di trascinare il materiale attraverso la neve. Tuttavia, questa sconfitta non si è tradotta nel crollo totale del fronte tedesco per due ragioni principali.

Mentre al fronte i capi militari volevano ritirarsi su qualcosa di simile a una linea difendibile, e uno di loro, il generale Erich Hoepner, lo fece, un'azione che di fatto salvò un grande contingente che stava per essere ucciso. arrendersi, Hitler respinse tale possibilità. Il dittatore era furioso per la decisione di Hoepner, e quando gli fu spiegato che non poteva espellerlo dall'esercito e togliergli la pensione e il diritto di indossare l'uniforme senza una formale corte marziale, decise di convocare il Parlamento per espropriarlo tutti tedeschi. di ogni garanzia procedurale. Il parlamento tedesco lo avrebbe fatto con entusiasmo nell'aprile del 1942, quando si riunì per l'ultima volta durante l'era nazista, ma ciò non modificò la crisi sul fronte a dicembre. Contrariamente ai criteri dei generali, Hitler ordinò alle truppe di fermarsi dov'erano e di combattere dalle posizioni esistenti anche se erano circondate. Il fronte tedesco iniziò a resistere, sebbene in due luoghi, la città di Cholm e l'area di Demyansk, le unità fossero completamente circondate e tagliate fuori. È possibile che il fatto che l'aviazione sia riuscita a mantenere queste unità rifornite fino a quando l'esercito non è stato in grado di ristabilire il contatto con loro in primavera ha incoraggiato Hitler a provare una soluzione simile con le forze molto più grandi che furono tagliate a Stalingrado qualche tempo dopo . Anno dopo. le unità sono state completamente circondate e tagliate fuori. È possibile che il fatto che l'aviazione sia riuscita a mantenere queste unità rifornite fino a quando l'esercito non è stato in grado di ristabilire il contatto con loro in primavera ha incoraggiato Hitler a provare una soluzione simile con le forze molto più grandi che furono tagliate a Stalingrado qualche tempo dopo . Anno dopo. le unità sono state completamente circondate e tagliate fuori. È possibile che il fatto che l'aviazione sia riuscita a mantenere queste unità rifornite fino a quando l'esercito non è stato in grado di ristabilire il contatto con loro in primavera ha incoraggiato Hitler a provare una soluzione simile con le forze molto più grandi che furono tagliate a Stalingrado qualche tempo dopo . Anno dopo. È possibile che il fatto che l'aviazione sia riuscita a mantenere queste unità rifornite fino a quando l'esercito non è stato in grado di ristabilire il contatto con loro in primavera ha incoraggiato Hitler a provare una soluzione simile con le forze molto più grandi che furono tagliate a Stalingrado qualche tempo dopo . Anno dopo. È possibile che il fatto che l'aviazione sia riuscita a mantenere queste unità rifornite fino a quando l'esercito non è stato in grado di ristabilire i contatti con loro in primavera ha incoraggiato Hitler a provare una soluzione simile con le forze molto più grandi che furono tagliate a Stalingrado qualche tempo dopo . Anno dopo.

Eppure il secondo fattore che permise ai tedeschi di resistere al centro e scongiurare il disastro fu la decisione di Stalin di lanciare offensive sulle sezioni settentrionale e meridionale del fronte. Invece di concentrarsi sul proseguimento della vittoria iniziale su Mosca, il leader comunista ha sottovalutato i tedeschi nello stesso modo in cui Hitler aveva precedentemente sottovalutato i sovietici. Le offensive dell'Armata Rossa fecero solo progressi minimi a un prezzo considerevole, dando al tempo stesso ai tedeschi il tempo di stabilizzare il centro del fronte. Quel fronte, dall'aspetto più irregolare, simboleggiava, da un lato, il definitivo fallimento delle speranze tedesche di distruggere l'Unione Sovietica e, dall'altro, le difficili e prolungate campagne che i sovietici avevano davanti. Dopo la stabilizzazione del fronte tra marzo e aprile 1942 i combattimenti continuarono;

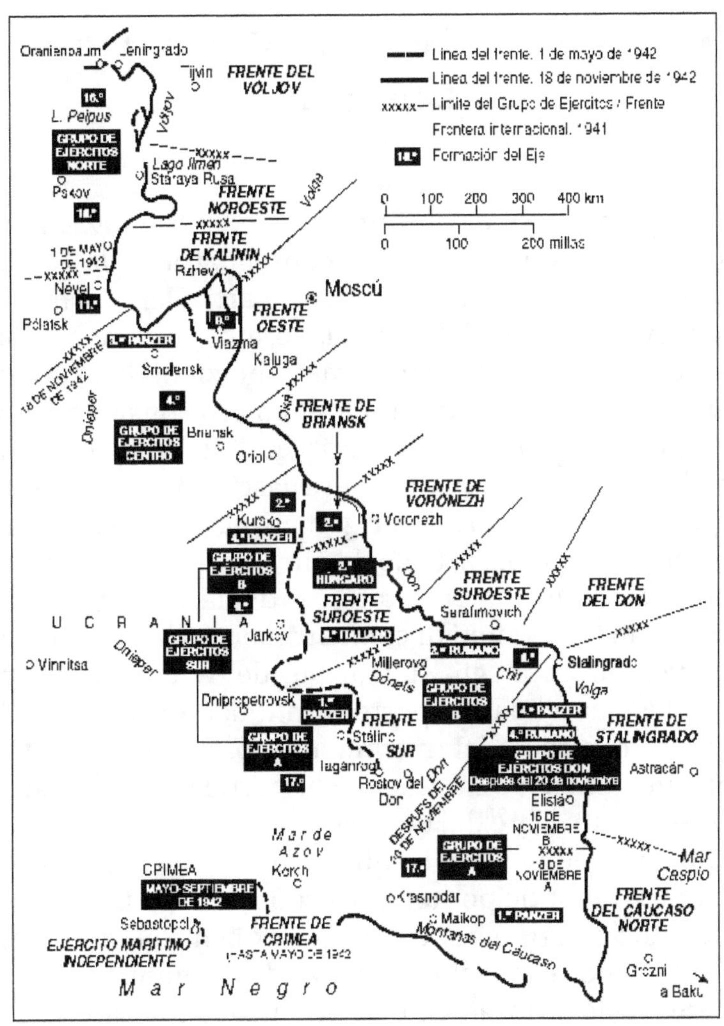

6. Il fronte tedesco-sovietico, 1941

Unione Sovietica occupata e non occupata

Sul lato sovietico del fronte, le industrie evacuate iniziarono a funzionare e consegnarono la loro produzione all'Armata Rossa, in particolare armi e munizioni. Il personale ha lavorato duramente e duramente nonostante le pessime condizioni di lavoro e la carenza di cibo. Fu formato un numero considerevole di nuove divisioni dell'esercito e fu ampliato il precedente programma per il rilascio di generali e ufficiali che erano stati imprigionati nel contesto delle epurazioni. A differenza degli altri paesi belligeranti, l'Unione Sovietica ha reclutato centinaia di migliaia di donne sia in formazioni di combattimento che in ruoli di supporto, anche negli squadroni dell'aviazione. Con l'aiuto degli aerei da trasporto forniti dagli Stati Uniti, il comando centrale del movimento partigiano offriva munizioni, ufficiali e indicazioni ai partigiani nelle parti del paese controllate dai tedeschi.

Sul lato tedesco del fronte, i leader nazisti avevano preparato in anticipo un governo civile guidato da Alfred Rosenberg che collocarono ben lontano dal fronte. Vicino c'era un sistema di amministrazione militare. Sia lo sfruttamento economico che la cattura di individui per servire come schiavi in Germania e altrove erano pratiche diffuse. Le cosiddette "operazioni antipartigiane", che coinvolgevano sia le retrovie che le divisioni di fronte temporaneamente stanziate lì, sfociarono quasi sempre in stragi di civili e roghi di intere comunità, lasciando così i partigiani, che erano soliti fuggire, fu poi più facile per reclutare nuovi membri. Ai tedeschi piaceva particolarmente il sistema sovietico delle fattorie collettive, che concedeva allo stato i diritti sui raccolti, e così procedettero ad estenderlo alle poche fattorie private rimaste. Reclutarono alcuni collaboratori, anche tra i prigionieri di guerra, per i quali collaborare era un modo per evitare la fame. In alcuni luoghi, pochissimi in realtà, i tedeschi iniziarono anche a mettere in atto una minuscola parte del loro piano di colonizzare il territorio con contadini di origine germanica e spodestare la presunta popolazione slava inferiore, ma la verità era che c'era poco tempo per simili esperimenti . Oltre alle tangenti in contanti che estorcevano regolarmente all'amato leader, funzionari di alto rango aspiravano a enormi proprietà nell'est, ma è discutibile se ci fosse un numero significativo di tedeschi ordinari disposti a offrirsi volontari per colonizzare le città fortificate pianificate dal regime stabilirsi lì. Molto probabilmente, avrebbero trovato i loro nomi nell'elenco dei prescelti per il reinsediamento obbligatorio sul giornale locale.

La Germania ha ceduto alla Romania sia le terre che aveva precedentemente ceduto all'Unione Sovietica sia una parte aggiuntiva dell'Ucraina. Questo territorio, chiamato Transnistria, divenne una colonia rumena dove gli ebrei furono massacrati e i funzionari rumeni ebbero l'opportunità di arricchirsi. Anche la Finlandia ha ricevuto il territorio ceduto nel trattato del 1940. Tuttavia, la speranza del governo finlandese di impossessarsi anche del territorio della Carelia fu frustrata non solo dai tedeschi (che intendevano annettere l'intera Finlandia, ma per il momento non l'avevano detto ai loro alleati) ma anche a causa delle pressioni dei Gli americani, che pur non dichiarando guerra al paese (lo fecero gli inglesi) avvertirono i finlandesi del pericolo di andare troppo oltre.

L'incapacità dei tedeschi di sconfiggere l'Unione Sovietica fece presto sembrare l'intera guerra diversa. Nonostante la resistenza della Gran Bretagna, nel 1940 la maggioranza della popolazione tedesca era convinta della vittoria e molti fuori dalla Germania si chiedevano se fosse possibile sconfiggerla. La situazione ora sembrava diversa e alcuni tedeschi iniziarono a preoccuparsi dell'esito della guerra, mentre gli alleati iniziarono a vedere il futuro con maggiore fiducia. Questo cambio di prospettiva è stato rafforzato quando il Giappone ha attaccato nel Pacifico e ha portato gli Stati Uniti nel conflitto apertamente per combattere a fianco del Regno Unito e dell'Unione Sovietica.

5

Il Giappone estende la guerra alla Cina

Il Giappone decide di prolungare la guerra

Il Giappone era in guerra con la Cina dal luglio 1937. Aveva rifiutato la possibilità di un accordo negoziato nel gennaio 1938 e stava facendo progressi occasionali contro la resistenza cinese. Non è mai passato per la mente di Tokyo che fosse la costante distruzione delle comunità cinesi, l'uccisione e lo stupro di civili e il loro comportamento generalmente ripugnante a consolidare lentamente ma costantemente l'opposizione cinese e generare sostegno per il governo nazionalista di Chiang Kai-shek. I giapponesi ritenevano che ciò che continuava a combattere i cinesi fossero i rifornimenti che ricevevano da altri paesi. La Cina ha certamente apprezzato i rifornimenti che l'Unione Sovietica ha fornito via terra e quelli che altri paesi hanno inviato tramite la strada della Birmania o il treno Hai Phong-Hanoi dall'Indocina francese, ma non fu questo che li fece decidere di continuare a combattere. : dovevano farlo, con o senza un aiuto esterno. Concentrato com'era sul conflitto con la Cina, il governo giapponese interpretò le vittorie tedesche di aprile, maggio e giugno 1940 come un'opportunità per impedire l'arrivo di gran parte di quegli aiuti.

Il Giappone aveva usato la diplomazia per anni per cercare, senza successo, di convincere il governo francese a chiudere il treno Hai Phong-Hanoi. Ora, però, sembrava emergere un'alternativa: l'esercito giapponese poteva occupare la parte settentrionale dell'Indocina e chiudere la rotta. Il governo di Vichy, al quale l'amministrazione coloniale francese era fedele, acconsentì alla richiesta. Nel settembre 1940, mentre le forze di Vichy lottavano per tenere gli inglesi e i francesi liberi lontani da Dakar nell'Africa occidentale francese, le forze giapponesi occuparono silenziosamente l'Indocina settentrionale. Vista la pericolosa situazione in cui si è trovato il Regno Unito dopo la vittoria della Germania in Francia, i giapponesi sono riusciti a fare pressione su Londra affinché chiudesse per tre mesi la strada della Birmania. Quando i tre mesi furono scaduti,

I leader giapponesi non avevano bisogno che i tedeschi sottolineassero che la sconfitta dei Paesi Bassi e della Francia ha reso le loro colonie nell'Asia orientale obiettivi attraenti per l'espansione dell'Impero giapponese. Inoltre, la necessità di difendere la Gran Bretagna da una possibile invasione tedesca e la difesa dei possedimenti mediorientali britannici contro l'Italia rendevano in pratica molto difficile, se non impossibile, per il Regno Unito difendere anche i suoi vasti possedimenti nel sud. e Sud-est asiatico e i domini dell'Australia e della Nuova Zelanda. Quando i tedeschi lo segnalarono a Tokyo come un'opportunità unica per impadronirsi di Singapore, i giapponesi risposero che l'avrebbero fatto, ma nel 1946. Quello fu l'anno in cui, secondo la legge approvata dal Congresso degli Stati Uniti, gli Stati Uniti avrebbero rinunciato al loro basi nelle Filippine, che avrebbero dovuto essere indipendenti nel 1944. Il governo tedesco si rese conto che ciò che tratteneva i giapponesi era la preoccupazione di avere gli americani sul fianco sinistro di qualsiasi direzione sud. Poiché i leader nazisti progettavano di entrare in guerra con gli Stati Uniti in un modo o nell'altro, decisero di promettere ai giapponesi che si sarebbero uniti alla guerra contro quel paese non appena il Giappone lo avesse attaccato. Così la Germania avrebbe dalla sua parte la grande marina che non era ancora riuscita a costruire, prima che gli americani finissero la costruzione della marina dei due oceani approvata dal Congresso. Quando il ministro degli Esteri giapponese Yosuke Matsuoka visitò la Germania nel marzo 1941, lo stesso Hitler ripeté la promessa. la cui indipendenza era prevista per il 1944. Il governo tedesco capì che ciò che tratteneva i giapponesi era la preoccupazione di avere gli americani sul fianco sinistro di qualsiasi avanzata verso sud. Poiché i leader nazisti progettavano di entrare in guerra con gli Stati Uniti in un modo o nell'altro, decisero di promettere ai giapponesi che si sarebbero uniti alla guerra contro quel paese non appena il Giappone lo avesse attaccato. Così la Germania avrebbe dalla sua parte la grande marina che non era ancora riuscita a costruire, prima che gli americani finissero la costruzione della marina dei due oceani approvata dal Congresso. Quando il ministro degli Esteri giapponese Yosuke Matsuoka visitò la Germania nel marzo 1941, lo stesso Hitler ripeté la promessa. la cui indipendenza era prevista per il 1944. Il governo tedesco capì che ciò che tratteneva i giapponesi era la preoccupazione di avere gli americani sul fianco sinistro di qualsiasi avanzata verso sud. Dal momento che i leader nazisti progettavano di entrare in guerra con gli Stati Uniti in un modo o nell'altro, decisero di promettere ai giapponesi che si sarebbero uniti alla guerra contro quel paese non appena il Giappone lo avesse attaccato. Così la Germania avrebbe dalla sua parte la grande marina che non era ancora riuscita a costruire, prima che gli americani finissero la costruzione della marina dei due oceani approvata dal Congresso. Quando il ministro degli Esteri giapponese Yosuke Matsuoka visitò la Germania nel marzo 1941, lo stesso Hitler ripeté la promessa. Il governo tedesco capì che ciò che tratteneva i giapponesi era la loro preoccupazione di avere gli americani sul fianco sinistro di qualsiasi avanzata verso sud. Poiché i leader nazisti progettavano di entrare in guerra con gli Stati Uniti in un modo o nell'altro, decisero di promettere ai giapponesi che si sarebbero uniti alla guerra contro quel paese non appena il Giappone lo avesse attaccato. Così la Germania avrebbe dalla sua parte la grande marina che non era ancora riuscita a costruire, prima che gli americani finissero la costruzione della marina dei due oceani approvata dal Congresso. Quando il ministro degli Esteri giapponese Yosuke Matsuoka visitò la Germania nel marzo 1941, lo stesso Hitler ripeté la promessa. Il governo tedesco capì che ciò che tratteneva i giapponesi era la loro preoccupazione di avere gli americani sul fianco sinistro di qualsiasi avanzata verso sud. Poiché i leader nazisti progettavano di entrare in guerra con gli Stati Uniti in un modo o nell'altro, decisero di promettere ai giapponesi che si sarebbero uniti alla guerra contro quel paese non appena il Giappone lo avesse attaccato. Così la Germania avrebbe dalla sua parte la grande marina che non era ancora riuscita a costruire, prima che gli americani finissero la costruzione della marina dei due oceani approvata dal Congresso. Quando il ministro degli Esteri giapponese Yosuke Matsuoka visitò la Germania nel marzo 1941, lo stesso Hitler ripeté la promessa. decisero di promettere ai giapponesi che si sarebbero uniti alla guerra contro quel paese non appena il Giappone lo avesse attaccato. Così la Germania avrebbe dalla sua parte la grande marina che non era ancora riuscita a costruire, prima che gli americani finissero di costruire la marina dei due oceani approvata dal Congresso. Quando il ministro degli Esteri giapponese Yosuke Matsuoka visitò la Germania nel marzo 1941, lo stesso Hitler ripeté la promessa. decisero di promettere ai giapponesi che si sarebbero uniti alla guerra contro quel paese non appena il Giappone lo avesse attaccato. Così la Germania avrebbe dalla sua parte la grande marina che non era ancora riuscita a costruire, prima che gli americani finissero di costruire la marina dei due oceani approvata dal Congresso.

I dibattiti all'interno del governo giapponese ruotavano attorno alla questione della tempistica dell'attacco e furono influenzati dall'invasione tedesca dell'Unione Sovietica nel giugno 1941. Invece di unirsi ai loro partner del Patto Tripartito del settembre 1940 nella lotta contro i sovietici, Tokyo decise di spostarsi a sud . Era chiaro alla leadership giapponese che finché l'Unione Sovietica avesse combattuto per la propria vita, non sarebbe stata in grado di attaccarli alle spalle, né avrebbe potuto continuare a fornire un aiuto sostanziale ai nazionalisti cinesi. Nel luglio 1941, quindi, le forze giapponesi occuparono la parte meridionale dell'Indocina francese, chiarendo che stavano spostando la loro attenzione dalla guerra contro la Cina e si preparavano ad attaccare i territori controllati dagli olandesi. il Regno Unito e gli Stati Uniti sia nell'Asia orientale che nel sud-est asiatico e nel Pacifico meridionale. Le discussioni all'interno del governo giapponese sono continuate mentre venivano fatti i preparativi dettagliati per gli attacchi alla Malesia, alle Indie orientali olandesi, alle Filippine e ad altri possedimenti americani nel Pacifico. A nessuno dei leader giapponesi venne in mente che la conquista dei pozzi petroliferi, delle miniere di stagno e delle piantagioni di gomma del sud-est asiatico non implicava il trasferimento di quei pozzi, miniere e piantagioni nella metropoli, ma solo il controllo di quei siti, la cui produzione dovrebbe essere trasportata nell'arcipelago giapponese su navi giapponesi, senza l'ausilio di navi noleggiate da altri paesi. Perciò, A nessuno dei leader giapponesi venne in mente che la conquista dei pozzi petroliferi, delle miniere di stagno e delle piantagioni di gomma del sud-est asiatico non implicava il trasferimento di quei pozzi, miniere e piantagioni nella metropoli, ma solo il controllo di quei siti, la cui produzione dovrebbe essere trasportata nell'arcipelago giapponese su navi giapponesi, senza l'ausilio di navi noleggiate da altri paesi. Perciò, A nessuno dei leader giapponesi venne in mente che la conquista dei pozzi petroliferi, delle miniere di stagno e delle piantagioni di gomma del sud-est asiatico non implicava il trasferimento di quei pozzi, miniere e piantagioni nella metropoli, ma solo il controllo di quei siti, la cui produzione dovrebbe essere trasportata nell'arcipelago giapponese su navi giapponesi, senza l'ausilio di navi noleggiate da altri paesi. Perciò,

in particolare il presidente Roosevelt e il segretario di Stato Cordell Hull hanno trascorso innumerevoli ore a negoziare con i diplomatici giapponesi a Washington. Questi ultimi preferivano la pace, ma a Tokyo il loro governo andava nella direzione opposta e non si sarebbe lasciato influenzare dagli sforzi americani e britannici per impedirgli di prolungare una guerra in cui era già coinvolto. Tra i loro sforzi per scoraggiare i giapponesi, gli Stati Uniti avevano spostato gran parte della flotta alle Hawaii e inviato il primo B-17 Flying Fortress disponibile nelle Filippine; il Regno Unito, dal canto suo, ordinò il trasferimento a Singapore di due grandi navi da guerra, una corazzata e un incrociatore da battaglia. Nelle ultime settimane di colloqui, è stato persino proposto che se il Giappone avesse accettato di ritirarsi dall'Indocina meridionale, gli Stati Uniti gli avrebbero venduto tutto il petrolio che voleva. Ai diplomatici giapponesi a Washington fu immediatamente ordinato di non discutere in nessun caso questa possibilità (che prevedeva l'abbandono del piano per estendere la guerra con la Cina). A causa della capacità degli americani di leggere le comunicazioni diplomatiche giapponesi, Washington è stata in grado di inviare un avvertimento di guerra imminente.

Dal momento che i governi tedesco e italiano non si erano costruiti esattamente una reputazione per mantenere le promesse, che fossero legati o meno a trattati, il governo giapponese chiese, pochi giorni prima di attaccare effettivamente, se la promessa di andare in guerra contro gli Stati Uniti fosse ancora in corso. Risposte affermative sono state ricevute in modo tempestivo. Hitler, infatti, era così preoccupato che i crescenti problemi tedeschi sul fronte orientale potessero dissuadere il Giappone dal lanciare l'attacco che fece ripetutamente o autorizzò annunci molto più positivi sulla situazione nell'Unione. Sovietico che la realtà giustificata.

L'avanzata giapponese

Il piano di guerra giapponese prevedeva una serie di mosse rapide per occupare la Thailandia e invadere la Malesia, invadere le Filippine, prendere le isole di Guam e Wake controllate dagli Stati Uniti, quindi conquistare le Indie orientali olandesi, la Birmania e le isole del Pacifico meridionale. nelle mani di inglesi, americani e francesi. Per fare ciò, era necessario proteggere quei movimenti dalle interferenze delle marine americane e britanniche. Originariamente il piano della Marina giapponese era di ingaggiare la flotta statunitense quando si trattava di proteggere o salvare le Filippine in una grande battaglia navale nel Pacifico occidentale, ma a metà ottobre 1941 questa idea fu abbandonata a favore del progetto dell'ammiraglio Isoroku. Yamamoto da un attacco di una portaerei, e in tempo di pace, contro le navi da guerra americane a Pearl Harbor. Ciò che ha causato il cambiamento nei piani è stato che l'ammiraglio ha minacciato di dimettersi da comandante della flotta combinata a meno che il suo piano non fosse stato adottato. L'attacco del 7 dicembre 1941 ebbe un impatto devastante sulla Marina degli Stati Uniti, che cessò temporaneamente di essere una minaccia per il fianco dell'avanzata giapponese verso sud. Tuttavia, ha avuto anche effetti negativi molto più ampi sulle prospettive del Giappone nella guerra globale, effetti che avrebbero potuto essere facilmente previsti. che cessò temporaneamente di essere una minaccia per il fianco dell'avanzata giapponese verso sud. Tuttavia, ha avuto anche effetti negativi molto più ampi sulle prospettive del Giappone nella guerra globale, effetti che avrebbero potuto essere facilmente previsti. che cessò temporaneamente di essere una minaccia per il fianco dell'avanzata giapponese verso sud. Tuttavia, ha avuto anche effetti negativi molto più ampi sul Giappone'

L'attacco, lanciato non provocato in una domenica di pace (cosa che eccitava Hitler, che aveva fatto la stessa cosa in Jugoslavia nell'aprile di quell'anno), provocò una violenta reazione nell'opinione pubblica americana, che annullò ogni speranza giapponese di realizzare, quando il tempo arriva, una soluzione negoziata al conflitto. I giapponesi avevano presupposto che gli americani non avrebbero mai scelto di dedicare le loro risorse umane e finanziarie alla riconquista di isole di cui non avevano mai sentito parlare in modo da poter essere restituite ai colonialisti le cui pratiche disapprovavano. Tuttavia, ciò che effettivamente accadde fu esattamente il contrario: gli americani erano ora pronti a combattere fino a quando non avessero schiacciato il Giappone. Altre due prevedibili conseguenze dell'attacco a Pearl Harbor li avrebbero aiutati in quella lotta. A causa della bassa profondità della base (qualcosa di cui i giapponesi erano a conoscenza, poiché avevano utilizzato siluri appositamente progettati per affondare molto poco), sei delle otto corazzate che i giapponesi pensavano di aver affondato erano state effettivamente arenate nel fango, dove era possibile rimuoverle, ripararle e rimetterle in servizio. Per quanto riguarda gli equipaggi, sebbene la perdita di vite umane sull'Arizona sia stata ingente e ci sia stato un numero significativo di morti e feriti sulle altre navi attaccate, la stragrande maggioranza del personale delle navi in porto è sopravvissuta all'attacco: era domenica e il paese non era ancora entrato in guerra.

Le due navi da guerra inviate dagli inglesi a Singapore nella speranza di scoraggiare il Giappone sono arrivate all'inizio di dicembre e hanno lasciato il porto dopo aver appreso dello sbarco giapponese nella Malesia settentrionale. Dopo essere state localizzate da un sottomarino, le due barche furono attaccate con siluri e bombe da aerei giapponesi. In mancanza di copertura aerea e in mancanza di batterie antiaeree efficaci, entrambe le navi sarebbero state affondate il 10 dicembre. Pochissimi aerei britannici erano disponibili nella regione a causa del disperato bisogno di copertura aerea in Gran Bretagna e nel Mediterraneo. Il contingente giapponese che era sbarcato sulla costa riuscì a spostarsi nell'entroterra in tempi relativamente brevi. Le forze di terra britanniche incaricate della difesa erano composte da due divisioni indiane, una australiana e alcune unità dalla Gran Bretagna. Le tre divisioni giapponesi al comando del generale Tomoyuki Yamashita avevano iniziato ad sbarcare l'8 dicembre e si erano dirette verso sud contro una difesa vacillante. Gli inglesi inviarono truppe aggiuntive per rafforzare la difesa; tuttavia, nonostante i pesanti combattimenti in alcuni punti, all'inizio di febbraio l'offensiva giapponese era avanzata di quasi trecento miglia fino all'estremità meridionale della Malesia. Il passaggio delle forze giapponesi all'isola di Singapore, iniziato nella notte tra l'8 e il 9 febbraio, culminerà, dopo alcuni combattimenti, con la resa degli inglesi il 15 febbraio; un esercito di gran lunga più grande della forza d'attacco finì così in cattività. a Singapore, i soldati giapponesi hanno ucciso e violentato migliaia di civili. Sebbene ci siano stati incidenti orribili ovunque fosse presente l'esercito giapponese,

Quando le forze britanniche a Singapore si arresero, i giapponesi avevano catturato la colonia britannica di Hong Kong e le isole americane di Guam e, dopo un primo tentativo fallito, Wake. Tuttavia, erano ancora immersi in aspri combattimenti a Luzon, il più grande dell'arcipelago filippino, dove il presidente Roosevelt aveva inviato il generale MacArthur per aiutare il paese a costruire un esercito in grado di difenderlo quando divenne indipendente nel 1944. MacArthur aveva invertito la precedente difesa piano, che si concentrava sulla presa della penisola di Bataan per impedire ai giapponesi di utilizzare il porto di Manila, a favore di una difesa completa dell'isola di Luzon, un piano molto irrealistico. Il piano giapponese prevedeva di attaccare l'aviazione americana l'8 dicembre e di atterrare nel nord di Luzon e nel sud di Manila il 10 dicembre. Nonostante sia arrivato circa dieci ore dopo l'attacco a Pearl Harbor, l'attacco aereo ha trovato la maggior parte degli aerei di MacArthur a terra; e anche i due sbarchi hanno avuto successo. Divenne presto evidente che il nuovo piano di difesa non funzionava e le unità americane e filippine sopravvissute si trasferirono a Bataan. A causa del cambiamento dei piani, il cibo necessario e le altre provviste non erano state immagazzinate lì e, di conseguenza, la fame e le malattie indebolirono terribilmente i soldati, che tuttavia opposero una resistenza molto più forte di quanto i giapponesi avessero previsto. Il capo delle forze d'invasione, il generale Masaharu Homma, ha dovuto chiedere rinforzi. Esausti, i difensori furono costretti a ripiegare e avrebbero finito per arrendersi l'8 aprile; il 6 maggio la fortezza sull'isola di Corregidor si sarebbe arresa e il 9 giugno gli altri difensori nel resto delle Filippine. L'esercito giapponese avrebbe ucciso migliaia di soldati che si erano arresi a Bataan mentre venivano ammassati nei campi di internamento. I sopravvissuti furono sottoposti a sfruttamento sistematico nei campi di prigionia e nelle miniere, dove molti sarebbero stati giustiziati. Roosevelt aveva precedentemente ordinato a MacArthur di lasciare Bataan e di andare in Australia per comandare le forze americane che avrebbe inviato lì. Significativa la collaborazione dei filippini con i giapponesi, ma contemporaneamente nell'arcipelago sorse un piccolo movimento di resistenza. I guerriglieri diedero qualche problema agli invasori e servirono come spie per gli americani. I sopravvissuti furono sottoposti a sfruttamento sistematico nei campi di prigionia e nelle miniere, dove molti sarebbero stati giustiziati. Roosevelt aveva precedentemente ordinato a MacArthur di lasciare Bataan e di andare in Australia per comandare le forze americane che avrebbe inviato lì. Significativa la collaborazione dei filippini con i giapponesi, ma contemporaneamente nell'arcipelago sorse un piccolo movimento di resistenza. I guerriglieri diedero qualche problema agli invasori e servirono come spie per gli americani. I sopravvissuti furono sottoposti a sfruttamento sistematico nei campi di prigionia e nelle miniere, dove molti sarebbero stati giustiziati. Roosevelt aveva precedentemente ordinato a MacArthur di lasciare Bataan e di andare in Australia per comandare le forze americane che avrebbe inviato lì. La collaborazione dei filippini con i giapponesi fu significativa, ma allo stesso tempo sorse nell'arcipelago un piccolo movimento di resistenza. I guerriglieri diedero qualche problema agli invasori e servirono come spie per gli americani.

Le conquiste della Malesia e delle Filippine furono i preliminari alla conquista delle Indie orientali olandesi. Il 15 dicembre i giapponesi erano sbarcati nell'isola del Borneo, parte della quale era sotto il controllo britannico e parte sotto il controllo olandese. Nelle settimane successive, i giapponesi sbarcarono un'isola dopo l'altra nella regione. Distrussero una flotta combinata di navi olandesi, americane e britanniche nella battaglia navale del Mar di Giava alla fine di febbraio e, l'8 marzo, sull'isola di Giava, costrinsero la più grande forza alleata nell'area ad arrendersi. A quel punto erano anche sbarcati nell'enorme isola della Nuova Guinea, sia a ovest, nella zona olandese, sia sulla costa settentrionale, dove hanno preso le città di Lae e Salamaua. Dalle Isole Marianne e dalle Isole Caroline, che erano sotto mandato giapponese dalla fine della prima guerra mondiale, furono inviate spedizioni a sud che presero abbastanza rapidamente il controllo dell'Ammiragliato, delle Isole Gilbert e Bismarck, nonché della maggior parte delle Isole Salomone (Mappe 7 e 8). Di particolare importanza fu la cattura dell'arcipelago di Bismarck, in quanto comprendeva l'importante porto di Rabaul, sulla punta settentrionale dell'isola della Nuova Bretagna, che doveva diventare la base centrale della campagna giapponese che ora minacciava l'Australia e la Nuova Zelanda. .

Contemporaneamente alla conquista delle Indie orientali olandesi e di un gran numero di territori e isole britanniche nel Pacifico meridionale, l'esercito giapponese invase la Birmania. Lo stesso giorno della resa di Java, i giapponesi entrarono a Rangoon. Nelle settimane successive espulsero le forze britanniche e cinesi, oltre a un piccolo contingente americano, dal resto della Birmania, e alla fine di aprile avevano preso il pieno controllo del paese. Questa conquista, sommata all'occupazione delle isole dell'Oceano Indiano, suscitò la possibilità, accolta favorevolmente dal regime di Vichy, che i giapponesi occupassero l'isola del Madagascar, chiudendo così la rotta marittima utilizzata dagli Alleati per rifornire l'India, Est e, attraverso l'Iran, l'Unione Sovietica. Di fronte a tale pericolo, le forze britanniche, con il sostegno indiretto degli americani, sbarcò nell'estremo nord del Madagascar il 4 maggio 1942 e, in pochi mesi, conquistò l'intera isola. Lì i giapponesi non solo avevano perso un'occasione ma, a causa delle differenze tra esercito e marina, per il momento si astennero dall'invadere l'India o dallo sbarcare a Ceylon (Sri Lanka). A quel punto, tuttavia, avevano già concordato con i tedeschi come dividere l'Asia. per il momento si sono astenuti dall'invasione dell'India o dall'atterraggio a Ceylon (Sri Lanka). A quel punto, tuttavia, avevano già concordato con i tedeschi come dividere l'Asia. per il momento si sono astenuti dall'invasione dell'India o dall'atterraggio a Ceylon (Sri Lanka). A quel punto, tuttavia, avevano già concordato con i tedeschi come dividere l'Asia. a causa delle differenze tra esercito e marina, per il momento si astenne dall'invadere l'India o dallo sbarcare a Ceylon (Sri Lanka). A quel punto, tuttavia, avevano già concordato con i tedeschi come dividere l'Asia. per il momento si sono astenuti dall'invasione dell'India o dall'atterraggio a Ceylon (Sri Lanka). A quel punto, tuttavia, avevano già concordato con i tedeschi come dividere l'Asia. per il momento si sono astenuti dall'invasione dell'India o dall'atterraggio a Ceylon (Sri Lanka). A quel punto, tuttavia, avevano già concordato con i tedeschi come dividere l'Asia. a causa delle differenze tra esercito e marina, per il momento si astenne dall'invadere l'India o dallo sbarcare a Ceylon (Sri Lanka). A quel punto, tuttavia, avevano già concordato con i tedeschi come dividere l'Asia. per il momento si sono astenuti dall'invasione dell'India o dall'atterraggio a Ceylon (Sri Lanka). A quel punto, tuttavia, avevano già concordato con i tedeschi come dividere l'Asia. per il momento si sono astenuti dall'invasione dell'India o dall'atterraggio a Ceylon (Sri Lanka). A quel punto, tuttavia, avevano già concordato con i tedeschi come dividere l'Asia. per il momento si sono astenuti dall'invasione dell'India o dall'atterraggio a Ceylon (Sri Lanka). A quel punto, tuttavia, avevano già concordato con i tedeschi come dividere l'Asia. per il momento si sono astenuti dall'invasione dell'India o dall'atterraggio a Ceylon (Sri Lanka). A quel punto, tuttavia, avevano già concordato con i tedeschi come dividere l'Asia. per il momento si sono astenuti dall'invasione dell'India o dall'atterraggio a Ceylon (Sri Lanka). A quel punto, tuttavia, avevano già concordato con i tedeschi come dividere l'Asia. per il momento si sono astenuti dall'invasione dell'India o dall'atterraggio a Ceylon (Sri Lanka). A quel punto, tuttavia, avevano già concordato con i tedeschi come dividere l'Asia.

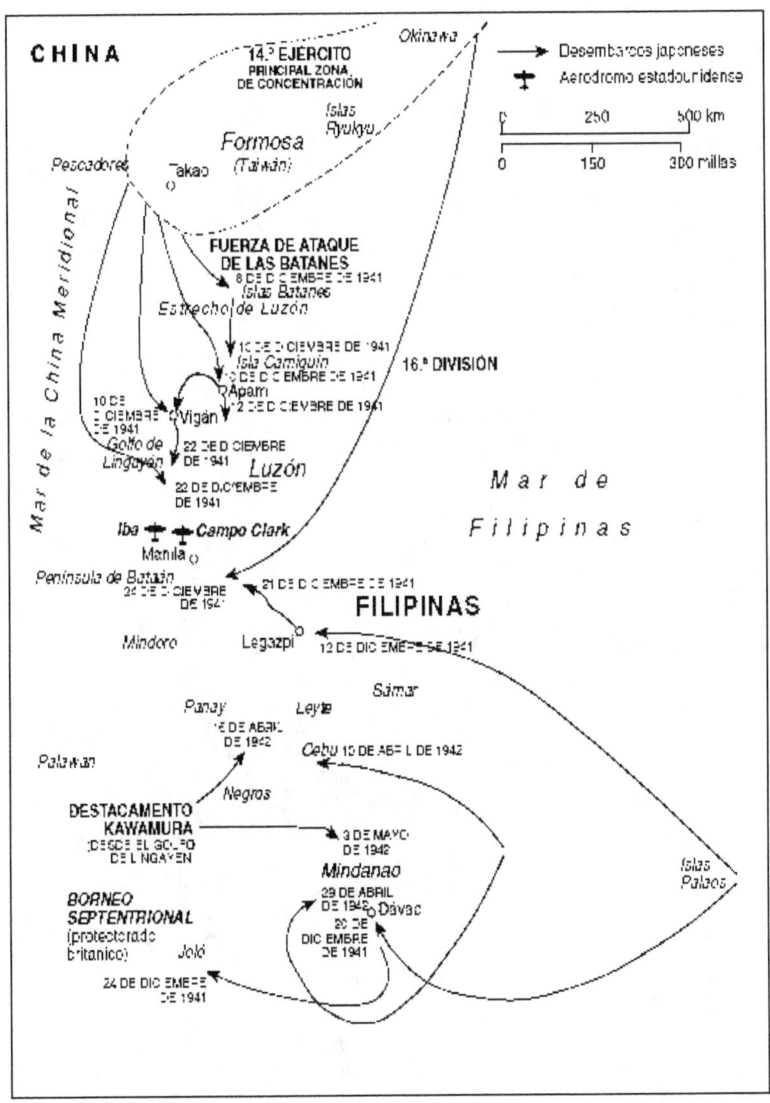

7. Le Filippine, 1941-1942

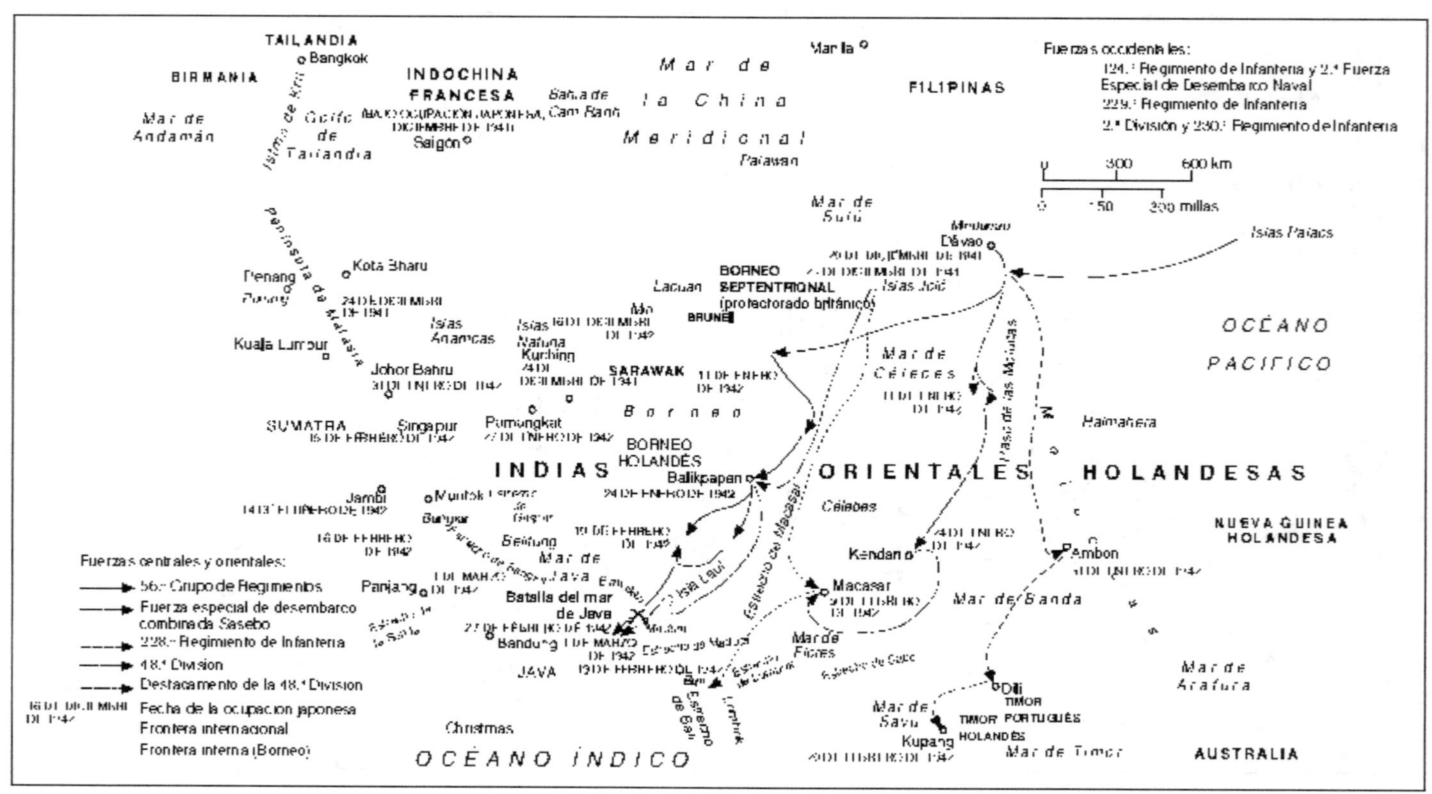

TAILANDIA
Bangkok
BIRMANIA
INDOCHINA
FRANCESA
Bahía de Cam Ranh
Mar de Andamán
Mar de
Golfo
de
Tailandia
Istmo de Kra
BAJO OCUPACIÓN JAPONESA, DICIEMBRE DE 1941
Saigón
Mar de la China Meridional
Palawan
Mar la
FILIPINAS
Fuerzas occidentales:
124.º Regimiento de Infantería y 2.ª Fuerza Especial de Desembarco Naval
229.º Regimiento de Infantería
2.ª División y 230.º Regimiento de Infantería
0   300   600 km
0   150   300 millas
Mar de Sulú
Mindanao
Dávao
20 DE DICIEMBRE DE 1941
Islas Palaos
Penang
Kota Bharu
24 DE DICIEMBRE DE 1941
Islas Andamán
Islas Natuna
16 DE DICIEMBRE DE 1942
BORNEO SEPTENTRIONAL
(protectorado británico)
Lacuan
BRUNEI
Islas Joló
27 DE DICIEMBRE DE 1941
OCÉANO PACÍFICO
Kuala Lumpur
Kuching
Johor Bahru
31 DE ENERO DE 1942
4 DE DICIEMBRE DE 1941
SARAWAK
1 DE ENERO DE 1942
Mar de Célebes
1 DE ENERO DE 1942
Halmahera
Península de Malasia
Borneo
SUMATRA
Singapur
15 DE FEBRERO DE 1942
Pumangkat
27 DE ENERO DE 1942
BORNEO HOLANDÉS
INDIAS   ORIENTALES   HOLANDESAS
Balikpapan
24 DE ENERO DE 1942
M
Paso de las Moluccas
Jambi
14 DE FEBRERO DE 1942
Muntok
Estrecho de Gaspar
19 DE FEBRERO DE 1942
Célebes
4 DE ENERO DE 1942
NUEVA GUINEA HOLANDESA
Bangka
16 DE FEBRERO DE 1942
Estrecho del Macasar
Isla Laut
Beitung
Mar de Java
Kendari
Ambon
31 DE ENERO DE 1942
Fuerzas centrales y orientales:
56.º Grupo de Regimientos
Fuerza especial de desembarco combinada Sasebo
228.º Regimiento de Infantería
48.ª División
Destacamento de la 48.ª División
Fecha de la ocupación japonesa
16 DE DICIEMBRE DE 1942
Frontera internacional
Frontera interna (Borneo)
Panjang
1 DE MARZO DE 1942
Batalla del mar de Java
27 DE FEBRERO DE 1942
Bandung 1 DE MARZO DE 1942
JAVA
19 DE FEBRERO DE 1942
Macasar
9 DE FEBRERO DE 1942
Mar de Banda
Mar de Flores
Bali
Estrecho de Bali
Lombok
Estrecho de Macasar
Estrecho de Sapé
Mar de Savu
TIMOR
Dili
TIMOR PORTUGUÉS
Kupang   HOLANDÉS
20 DE FEBRERO DE 1942
Mar de Timor
Mar de Arafura
AUSTRALIA
Christmas
OCÉANO ÍNDICO

8. Le Indie Orientali, 1941-1942

A dicembre Tokyo ha formalmente proposto a Berlino di dividere l'Asia utilizzando come riferimento il 70° meridiano. Ciò ha dato al Giappone la maggior parte della Siberia, tutta la Cina, la maggior parte dell'India e tutto il sud-est asiatico. Sebbene alcuni membri dell'Alto Comando tedesco volessero una parte più ampia della zona industriale siberiana, Hitler accettò la proposta ea febbraio fu firmato l'accordo. Sempre a dicembre, l'ufficio di Hideki Tojo, che dall'ottobre 1941 era Primo Ministro e anche Ministro della Guerra, sviluppò un progetto per la divisione del Pacifico meridionale e dell'emisfero occidentale, secondo il quale tutte le isole del Pacifico corrisponderebbero al Giappone. , Australia e Nuova Zelanda, Alaska e province occidentali del Canada, Stato di Washington, America Centrale, Isole dei Caraibi, Ecuador, Colombia, Venezuela occidentale, Perù e Cile.

Le offensive giapponesi si fermano

Prima che questi piani ambiziosi potessero concretizzarsi, le vittorie iniziali dovevano essere seguite da molte altre. La struttura di comando giapponese era divisa sulla direzione da seguire, cosa che aveva già interrotto l'avanzata in India e nell'Oceano Indiano. Un'importante avanzata ancora più a sud richiese la cattura di Port Moresby, sulla costa meridionale della Nuova Guinea, per minacciare l'Australia. Ciò è stato tentato con uno sbarco navale sotto la protezione della marina giapponese. Quell'offensiva portò alla battaglia del Mar dei Coralli, combattuta dal 3 all'8 maggio 1942. In quello scontro, che coinvolse principalmente le portaerei, gli americani persero la portaerei Lexington mentre i giapponesi persero la portaerei leggera shōho; inoltre, una portaerei dello squadrone è stata danneggiata su ciascun lato. Tuttavia, indipendentemente dalle perdite, la vittoria strategica è andata agli americani, poiché i giapponesi dovettero rinunciare allo sbarco a Port Moresby. Invece, hanno deciso di provare a prendere la città via terra attraverso il Kokoda Trail, ma le forze australiane, aiutate dalle unità dell'aeronautica americana, sono riuscite a fermarli il 17 settembre 1942, quando erano vicini al raggiungimento del loro obiettivo. obbiettivo. A quel punto, anche il tentativo giapponese di impadronirsi della base delle forze armate statunitensi e australiane a Milne Bay, all'estremità sud-orientale della Nuova Guinea, si era concluso con una schiacciante sconfitta. la vittoria strategica andò agli americani, poiché i giapponesi dovettero rinunciare allo sbarco a Port Moresby. Invece, hanno deciso di provare a prendere la città via terra attraverso il Kokoda Trail, ma le forze australiane, aiutate dalle unità dell'aeronautica americana, sono riuscite a fermarli il 17 settembre 1942, quando erano vicini al raggiungimento del loro obiettivo. obbiettivo. A quel punto, anche il tentativo giapponese di impadronirsi della base delle forze armate statunitensi e australiane a Milne Bay, all'estremità sud-orientale della Nuova Guinea, si era concluso con una schiacciante sconfitta. la vittoria strategica andò agli americani, poiché i giapponesi dovettero rinunciare allo sbarco a

Port Moresby. Invece, hanno deciso di provare a prendere la città via terra attraverso il Kokoda Trail, ma le forze australiane, aiutate dalle unità dell'aeronautica americana, sono riuscite a fermarli il 17 settembre 1942, quando erano vicini al raggiungimento del loro obiettivo. obbiettivo. A quel punto, anche il tentativo giapponese di impadronirsi della base delle forze armate statunitensi e australiane a Milne Bay, all'estremità sud-orientale della Nuova Guinea, si era concluso con una schiacciante sconfitta. con l'aiuto delle unità dell'aviazione americana, riuscirono a fermarli il 17 settembre 1942, quando erano vicini al raggiungimento del loro obiettivo. A quel punto, anche il tentativo giapponese di impadronirsi della base delle forze armate statunitensi e australiane a Milne Bay, all'estremità sud-orientale della Nuova Guinea, si era concluso con una schiacciante sconfitta. con l'aiuto delle unità dell'aviazione americana, riuscirono a fermarli il 17 settembre 1942, quando erano vicini al raggiungimento del loro obiettivo. A quel punto, anche il tentativo giapponese di impadronirsi della base delle forze armate statunitensi e australiane a Milne Bay, all'estremità sud-orientale della Nuova Guinea, si era concluso con una schiacciante sconfitta.

Immediatamente dopo la battuta d'arresto nel Mar dei Coralli, i giapponesi hanno approvato due operazioni aggiuntive. Bombarda la base aerea e navale statunitense a Dutch Harbor e prendi le isole Kiska e Attu, appartenenti all'arcipelago delle Aleutine, al largo delle coste dell'Alaska. Due portaerei inviarono aerei a bombardare Dutch Harbor e poi scortarono le truppe da sbarco che presero le due isole all'inizio di giugno 1942. Sebbene questa campagna potesse fornire al Giappone una base da cui partire per effettuare ulteriori conquiste nell'area, oltre a prevenire gli attacchi statunitensi da quella direzione, le portaerei coinvolte in essa non poterono partecipare alla grande operazione navale che si stava svolgendo contemporaneamente più a sud, ovvero il tentativo di conquista dell'isola di Midway, operazione per la quale Yamamoto aveva ottenuto nuovamente l'autorizzazione minacciando di cedere il comando di la flotta combinata.

Mentre erano alla base di Pearl Harbor gli americani riuscirono a riparare, almeno in parte, la portaerei Yorktown, danneggiata nella battaglia del Mar dei Coralli, nella forza inviata a distruggere il resto della Marina americana nell'area delle Hawaii e catturando Midway Island, i giapponesi non includevano la portaerei danneggiata in quella battaglia e quella che aveva perso la maggior parte dei suoi aerei. Inoltre, due delle sei portaerei della flotta diretta a Midway furono trattenute per proteggere le corazzate e gli incrociatori che avevano il compito di distruggere la flotta statunitense quando salpò per proteggere l'isola. Tuttavia, alle Hawaii i servizi di intelligence americani avevano decifrato il piano giapponese e il 4 giugno tre portaerei della US Navy erano pronte a prendere di sorpresa le quattro portaerei giapponesi a sud-est di Midway. Sebbene i giapponesi abbiano abbattuto diversi aerosiluranti a bassa quota, i bombardieri in picchiata americani affondarono tre delle portaerei giapponesi e, subito dopo, anche la quarta. Lo Yorktown fu gravemente danneggiato e in seguito sarebbe stato affondato da un sottomarino giapponese, ma la battaglia aveva chiaramente favorito gli americani. La flotta giapponese si voltò dopo aver perso un incrociatore e alcune altre navi da guerra, ma soprattutto, mentre gli americani erano in grado di sostituire la portaerei perduta, e lo fecero, i giapponesi non poterono sostituire la loro. E la stessa cosa è successa con i piloti uccisi nella battaglia: La flotta giapponese si voltò dopo aver perso un incrociatore e alcune altre navi da guerra, ma soprattutto, mentre gli americani erano in grado di sostituire la portaerei perduta, e lo fecero, i giapponesi non poterono sostituire la loro. E la stessa cosa è successa con i piloti uccisi nella battaglia: La flotta giapponese si voltò dopo aver perso un incrociatore e alcune altre navi da guerra, ma soprattutto, mentre gli americani erano in grado di sostituire la portaerei perduta, e lo fecero, i giapponesi non poterono sostituire la loro. E la stessa cosa è successa con i piloti uccisi nella battaglia:

La battaglia di Midway fermò l'avanzata giapponese nel Pacifico e aprì la strada alla controffensiva americana. Ciò avverrebbe nell'agosto del 1942, a Guadalcanal, e ne parleremo nel capitolo 6. Ciò che è essenziale per comprendere l'evoluzione della guerra in generale è che l'avanzata giapponese, sebbene ormai contenuta, costrinse gli Stati Uniti a ritirarsi temporaneamente di la strategia "Europe First" e invece inviando la maggior parte delle forze disponibili e recentemente mobilitate nel teatro di guerra del Pacifico per tutto il 1942 e i primi mesi del 1943. Questo processo ritardò le operazioni statunitensi negli scenari europeo e mediterraneo. Tuttavia, le potenze dell'Asse non hanno potuto sfruttare questo ritardo a causa della loro stessa incapacità di coordinare le operazioni. Il fatto che i tedeschi abbiano appreso solo che il Giappone aveva perso, non vinto, le battaglie del Mar dei Coralli e delle Midway quando i giapponesi si avvicinarono a loro per acquistare la portaerei tedesca incompiuta Graf Zeppelin da portare nel Pacifico riassume quella disabilità. Presumibilmente gli americani, che hanno decifrato i messaggi rilevanti, devono essere rimasti delusi quando la Germania ha rifiutato l'offerta.

una guerra più ampia

Non appena Hitler venne a conoscenza dell'attacco giapponese a Pearl Harbor, ordinò all'esercito tedesco di entrare in guerra con gli Stati Uniti e altri otto paesi dell'emisfero occidentale. Non voleva aspettare i tre o quattro giorni necessari per convocare il Parlamento, dare la buona notizia della guerra con gli americani ed espletare tutte le formalità diplomatiche. L'Italia si è affrettata a dichiarare guerra agli Stati Uniti. E così altri tre stati allineati con la Germania: Ungheria, Romania e Bulgaria. Il presidente Roosevelt ha contattato il Congresso per dichiarazioni di guerra contro Giappone, Germania e Italia, che sono state approvate senza indugio, ma ha chiesto al Dipartimento di Stato di tentare per sei mesi di convincere gli altri tre paesi a ritirare le loro dichiarazioni. Nel giugno 1942, dopo aver categoricamente rifiutato di fare ciò che era stato loro chiesto, il presidente ha rinunciato a cercare di continuare i negoziati e il Congresso ha elaborato le corrispondenti dichiarazioni di guerra. Qualunque fossero le intenzioni dei leader ungheresi, rumeni e bulgari verso gli Stati Uniti, non c'era dubbio che la minaccia immediata provenisse dalla Germania e dall'Italia, in particolare dai sottomarini dell'Asse nell'Atlantico. e i Caraibi.

Anticipando uno scontro con gli Stati Uniti, l'ammiraglio Dönitz, l'ufficiale in comando dei sottomarini tedeschi, ne aveva inviati alcuni sulla costa orientale del Nord America. Nei primi sei mesi del 1942 i suoi uomini affondarono molte navi mercantili alleate perché il sistema dei convogli non era ancora in vigore e non c'era ordine di spegnere le luci nelle città costiere. I sottomarini tedeschi emersero di notte e le navi siluranti si stagliavano contro le luci di hotel, motel e residenze. La campagna tedesca fu anche rafforzata da un cambiamento nel sistema di codici della marina che impedì agli Alleati di decifrare i loro messaggi radio per gran parte del 1942. Come se la Marina degli Stati Uniti non ne avesse abbastanza di una simile battuta d'arresto, i sottomarini del paese si imbatterono in quello che era indubbiamente un disastro. Si è scoperto che i siluri con cui erano stati forniti erano irrimediabilmente difettosi. All'inizio della guerra, la marina tedesca aveva riscontrato un problema in qualche modo simile, ma riuscì a correggerlo molto più velocemente di quanto gli americani avessero corretto il loro. Fu solo nel 1943 che gli ufficiali e gli equipaggi dei sottomarini statunitensi potevano iniziare a confidare che i siluri che avevano sparato contro le navi giapponesi si sarebbero spostati alla profondità prevista ed sarebbero esplosi sul bersaglio. L'estrema vulnerabilità della marina e dell'industria giapponesi alla mancanza di petrolio e altri materiali non poteva essere sfruttata molto più tardi nel conflitto. Si è scoperto che i siluri forniti loro erano irrimediabilmente difettosi. All'inizio della guerra, la marina tedesca aveva riscontrato un problema in qualche modo simile, ma riuscì a correggerlo molto più velocemente di quanto gli americani avessero corretto il loro. non era Fino a buona parte del 1943 gli ufficiali e gli equipaggi dei sottomarini statunitensi potevano iniziare a confidare che i siluri lanciati contro le navi giapponesi si sarebbero spostati alla profondità prevista ed sarebbero esplosi sul bersaglio. L'estrema vulnerabilità della marina e dell'industria giapponesi alla mancanza di petrolio e altri materiali non poteva essere sfruttata molto più tardi nel conflitto. Si è scoperto che i siluri forniti loro erano irrimediabilmente difettosi. All'inizio della guerra, la marina tedesca aveva riscontrato un problema in qualche modo simile, ma riuscì a correggerlo molto più velocemente di quanto gli americani avessero corretto il loro. Fu solo nel 1943 che gli ufficiali e gli equipaggi dei sottomarini statunitensi potevano iniziare a confidare che i siluri che avevano sparato contro le navi giapponesi si sarebbero spostati alla profondità prevista ed sarebbero esplosi sul bersaglio. L'estrema vulnerabilità della marina e dell'industria giapponesi alla mancanza di petrolio e altri materiali non poteva essere sfruttata molto più tardi nel conflitto. la marina tedesca aveva riscontrato un problema in qualche modo simile, ma è riuscita a correggerlo molto più velocemente di quanto gli americani abbiano corretto il loro. Fu solo nel 1943 che gli ufficiali e gli equipaggi dei sottomarini statunitensi potevano iniziare a confidare che i siluri che avevano sparato contro le navi giapponesi si sarebbero spostati alla profondità prevista ed sarebbero esplosi sul bersaglio. L'estrema vulnerabilità della marina e dell'industria giapponesi alla mancanza di petrolio e altri materiali non poteva essere sfruttata molto più tardi nel conflitto. la marina tedesca aveva riscontrato un problema in qualche modo simile, ma è riuscita a correggerlo molto più velocemente di quanto gli americani abbiano corretto il loro. Fu solo nel 1943 che gli Stati Uniti gli ufficiali e gli equipaggi dei sottomarini potrebbero iniziare a confidare che i siluri che hanno sparato contro le navi giapponesi si sarebbero spostati alla profondità prevista ed esplosi sul bersaglio. L'estrema vulnerabilità della marina e dell'industria giapponesi alla mancanza di petrolio e altri materiali non poteva essere sfruttata molto più tardi nel conflitto. Fu solo nel 1943 che gli ufficiali e gli equipaggi dei sottomarini statunitensi potevano iniziare a confidare che i siluri che avevano sparato contro le navi giapponesi si sarebbero spostati alla profondità prevista ed sarebbero esplosi sul bersaglio. L'estrema vulnerabilità della marina e dell'industria giapponesi alla mancanza di petrolio e altri materiali non poteva essere sfruttata molto più tardi nel conflitto. Fu solo nel 1943 che gli Stati Uniti gli ufficiali e gli equipaggi dei sottomarini potrebbero iniziare a confidare che i siluri che hanno sparato contro le navi giapponesi si sarebbero spostati alla profondità prevista ed esplosi sul bersaglio. L'estrema vulnerabilità della marina e dell'industria giapponesi alla mancanza di petrolio e altri materiali non poteva essere sfruttata molto più tardi nel conflitto.

La guerra ora includeva tutte le maggiori potenze e nel gennaio 1942, in una conferenza a Washington, gli Alleati si chiamavano Nazioni Unite, l'etichetta con cui avrebbero combattuto insieme e poi organizzato una nuova istituzione internazionale. . Niente di simile è mai emerso dalla parte opposta.

6

Cambio di rotta: autunno 1942-primavera 1944

L'offensiva tedesca del 1942 e il disastro in Oriente

Dopo aver stabilizzato il fronte orientale tra aprile e maggio 1942, i tedeschi lanciarono l'operazione Blue, l'offensiva di quell'anno. Le perdite subite l'anno precedente hanno escluso una ripetizione delle offensive sul fronte. Questa volta ce ne sarebbe uno solo, nella parte meridionale, con l'obiettivo di impadronirsi dei giacimenti petroliferi del Caucaso e, contemporaneamente, privare i sovietici di questa risorsa essenziale e arricchire lo sforzo bellico dell'Asse. Qualsiasi successo in questa offensiva significherebbe estendere i fianchi dell'avanzata, quindi nell'inverno 1941-1942 i tedeschi esortarono i loro alleati rumeni, italiani e ungheresi ad aumentare le truppe con cui contribuivano al fronte orientale, cosa che fecero. I tedeschi, invece,

Sul segmento meridionale del fronte, i sovietici ottennero guadagni significativi con le offensive invernali, ma le operazioni tedesche le avevano annullate prima di lanciare l'operazione Blu il 28 giugno. L'Armata Rossa aveva molte delle sue riserve davanti a Mosca, anticipando erroneamente una nuova offensiva lì , e questo inizialmente permise alle forze tedesche di fare una notevole avanzata nel sud. Due eventi hanno influenzato lo sviluppo del concorso. Per la prima volta, Stalin permise agli ufficiali in comando al fronte di organizzare ritiri sostanziali, in modo che le mosse di accerchiamento tedesche non si traducessero nelle enormi catture di prigionieri caratteristiche della campagna del 1941. In secondo luogo, i tedeschi non solo inviarono un gruppo dell'esercito nel Caucaso attraverso la riconquistata Rostov, ma usarono un altro gruppo dell'esercito per lanciare un'offensiva sul Volga a Stalingrado per proteggere il fianco settentrionale della conquista che speravano di fare. Inizialmente entrambe le offensive fecero notevoli progressi, ma poi rallentarono e alla fine si fermarono. Da un lato, i tedeschi non erano stati in grado di sostituire completamente le perdite umane e materiali che avevano subito l'anno precedente; dall'altro, le unità dell'Armata Rossa hanno combattuto incessantemente e con abilità crescente. Nell'offensiva meridionale, i tedeschi catturarono il giacimento petrolifero di Maykop, ma poi, alla fine di agosto, si sarebbero fermati davanti a Novorossiysk, sulla costa del Mar Nero, ea Grozny, nel Caucaso. Allo stesso tempo, la forza che si era diretta a Stalingrado aveva raggiunto il Volga, Da un lato, i tedeschi non erano stati in grado di sostituire completamente le perdite umane e materiali che avevano subito l'anno precedente; dall'altro, le unità dell'Armata Rossa hanno combattuto incessantemente e con abilità crescente. Nell'offensiva meridionale, i tedeschi catturarono il giacimento petrolifero di Maykop, ma poi, alla fine di agosto, si sarebbero fermati davanti a Novorossiysk, sulla costa del Mar Nero, ea Grozny, nel Caucaso. Allo stesso tempo, la forza che si era diretta a Stalingrado aveva raggiunto il Volga, Da un lato, i tedeschi non erano stati in grado di sostituire completamente le perdite umane e materiali che avevano subito l'anno precedente; dall'altro, le unità dell'Armata Rossa hanno combattuto incessantemente e con abilità crescente. Nell'offensiva meridionale, i tedeschi catturarono il giacimento petrolifero di Maykop, ma poi, alla fine di agosto, si sarebbero fermati davanti a Novorossiysk, sulla costa del Mar Nero, ea Grozny, nel Caucaso. Allo stesso tempo, la forza che si era diretta a Stalingrado aveva raggiunto il Volga, e Grozny, nel Caucaso. Allo stesso tempo, la forza che si era diretta a Stalingrado aveva raggiunto il Volga, e Grozny, nel Caucaso. Allo stesso tempo, la forza che si era diretta a Stalingrado aveva raggiunto il Volga,

I tedeschi sottoposero Stalingrado a pesanti bombardamenti e si fecero strada attraverso la città, ma l'Armata Rossa contese ogni blocco e contrattaccò ripetutamente, soprattutto nel settore settentrionale del fronte urbano. I tedeschi dovettero impegnare sempre più unità nei combattimenti di strada mentre i sovietici continuarono a inviare rinforzi in città dall'altra parte del Volga. Poiché i due gruppi dell'esercito tedesco erano separati da più di trecento chilometri, non potevano aiutarsi a vicenda nel tentativo di continuare l'avanzata implacabile. Sul fronte di Mosca, l'Armata Rossa lanciò prima una piccola offensiva e poi una su larga scala, ma entrambe non furono sufficienti a sloggiare i tedeschi dalle posizioni che avevano ricoperto dall'inverno. A Stalingrado, invece,

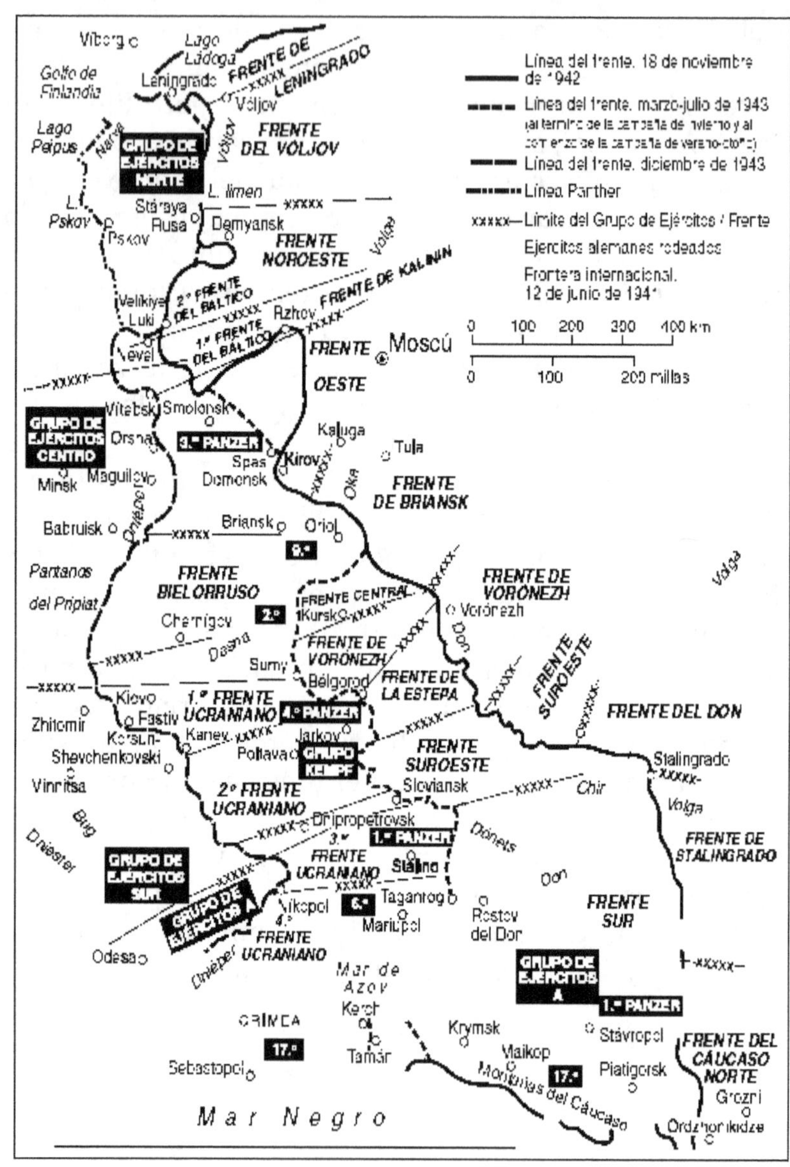

9. La guerra tedesco-sovietica, 1942-1943

I fianchi dell'avanzata tedesca sulla città erano principalmente presidiati da eserciti rumeni supportati da un numero limitato di unità tedesche. E lo Stavka, l'alto comando dell'Armata Rossa, preparò offensive su larga scala contro i fianchi settentrionale e meridionale dei tedeschi che combattevano all'interno della città continuando a inviare rinforzi per difenderla. Dopo aver atteso che gli alleati occidentali sbarcassero nell'Africa nord-occidentale, vincolando le forze tedesche in Occidente (una questione discussa di seguito), l'Armata Rossa lanciò l'operazione Urano il 19 novembre. Sia a nord che a sud, unità di armamento e fanteria attaccarono in massa, sfondando le forze rumene e tedesche che difendevano i fianchi e incontrandosi pochi giorni dopo. Anche prima che le forze sovietiche convergessero, Hitler aveva schierato un nuovo gruppo dell'esercito per sfondare l'accerchiamento che stavano creando e ordinò al generale Friedrich Paulus, che presto sarebbe stato promosso a feldmaresciallo, di rimanere fermo in città. L'aviazione tedesca sarebbe stata responsabile del mantenimento in tasca della 6a armata e delle unità ad essa collegate e il nuovo gruppo dell'esercito sarebbe uscito dall'accerchiamento. L'offensiva iniziò il 12 dicembre, ma fallì. L'Armata Rossa attaccò quindi le truppe accerchiate e travolse l'esercito italiano che difendeva una parte del fronte nord-occidentale di Stalingrado. Gli ultimi tedeschi sopravvissuti tra le rovine della città si arresero alla fine di gennaio 1943. Un fatto fondamentale era che i combattimenti e la sconfitta tedesca a Stalingrado dominarono i titoli dei giornali mondiali per mesi e furono visti da entrambe le parti come un punto di svolta cruciale nella guerra . Inoltre, una conseguenza pratica della sconfitta di Stalingrado fu che costrinse i tedeschi a ritirare il gruppo dell'esercito che si era spinto nel Caucaso per paura che anche lui venisse tagliato fuori. Quella forza deteneva una parte del territorio che aveva preso in precedenza, la testa di ponte di Kuban, da cui Hitler sperava di attaccare nuovamente il Caucaso nello stesso anno. Tuttavia, il piano si rivelò impossibile per la già indebolita Germania e l'area doveva essere evacuata all'inizio di ottobre 1943. una conseguenza pratica della sconfitta di Stalingrado fu che costrinse i tedeschi a ritirare il gruppo dell'esercito che si era spinto nel Caucaso per paura che anche lui sarebbe stato tagliato. Quella forza deteneva una parte del territorio che aveva preso in precedenza, la testa di ponte di Kuban, da cui Hitler sperava di attaccare nuovamente il Caucaso nello stesso anno. Tuttavia, il piano si rivelò impossibile per la già indebolita Germania e l'area doveva essere evacuata all'inizio di ottobre 1943. una conseguenza pratica della sconfitta di Stalingrado fu che costrinse i tedeschi a ritirare il gruppo dell'esercito che si era spinto nel Caucaso per paura che anche sarebbe stato tagliato. Quella forza deteneva una parte del territorio che aveva preso in precedenza, la testa di ponte di Kuban, da cui Hitler sperava di attaccare nuovamente il Caucaso nello stesso anno. Tuttavia, il piano si rivelò impossibile per la Germania già indebolita e l'area doveva essere evacuata all'inizio di ottobre 1943. Quella forza deteneva una parte del territorio che aveva preso in precedenza, la testa di ponte di Kuban, da cui Hitler sperava di attaccare nuovamente il Caucaso nello stesso anno. Tuttavia, il piano si rivelò impossibile per la Germania già indebolita e l'area doveva essere evacuata all'inizio di ottobre 1943. Quella forza deteneva una parte del territorio che aveva preso in precedenza, la testa di ponte di Kuban, da cui Hitler sperava di attaccare nuovamente il Caucaso nello stesso anno. Tuttavia, il piano si rivelò impossibile per la Germania già indebolita e l'area doveva essere evacuata all'inizio di ottobre 1943.

Il crollo del fronte meridionale tedesco indusse i sovietici ad avanzare più rapidamente di quanto la situazione giustificasse; e alla fine di febbraio 1943 i tedeschi martellarono le principali unità dell'Armata Rossa, ripresero Kharkov e mostrarono alla leadership sovietica che, nonostante la vittoria a Stalingrado, avevano davanti a sé una battaglia molto più dura. Forse fu questa esperienza che fece ascoltare a Stalin il consiglio dei suoi comandanti militari di mettersi sulla difensiva, aspettare che l'offensiva tedesca fosse lanciata nell'estate di quell'anno e solo allora lanciare offensive su larga scala. Entrambe le parti consideravano il saliente intorno alla città di Kursk il luogo più ovvio per la prossima grande resa dei conti: i sovietici ne fecero un'area ancora più fortificata, ei tedeschi si prepararono ad assaltarla sia da nord che da sud (Mappa 10).

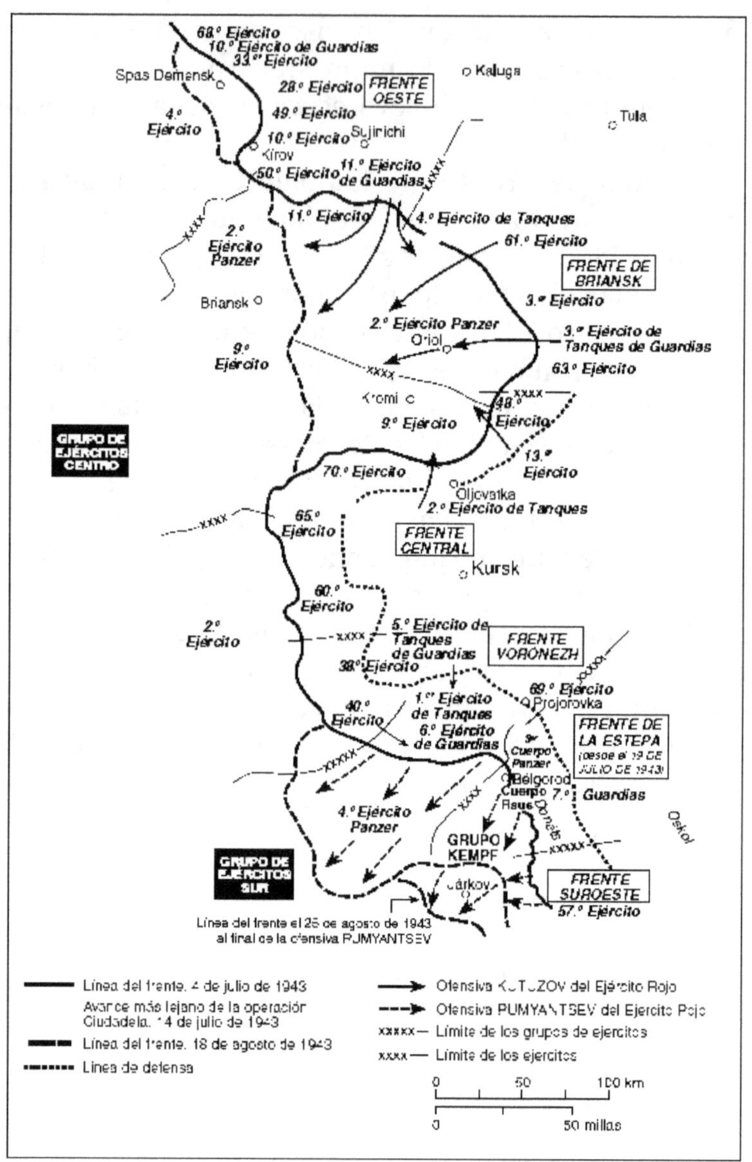

10. La battaglia di Kursk

L'iniziativa in Oriente e i cambiamenti nel Mediterraneo nel 1943

Il 5 luglio, i tedeschi lanciarono l'operazione Cittadella per schiacciare le forze sovietiche nel saliente di Kursk e riprendere l'iniziativa a est. Dopo diversi giorni di aspri combattimenti su entrambi i segmenti del fronte, i tedeschi si fecero strada e inflissero pesanti perdite all'Armata Rossa, ma non ebbero comunque successo. Sebbene le cifre delle vittime fossero favorevoli ai tedeschi, la verità è che la Germania non poteva permettersi le perdite subite e la sua incapacità di fare un progresso significativo fu un enorme fallimento. La notizia dello sbarco alleato in Sicilia e dell'offensiva sovietica nell'area di Oryol, dietro le forze che attaccavano da nord il saliente di Kursk, affrettarono la fine dell'offensiva. Da quel momento in poi l'Armata Rossa ebbe l'iniziativa,

Una serie di grandi offensive sovietiche riuscì prima a respingere l'esercito tedesco nella parte centrale del fronte, quindi ad entrare in Ucraina e, alla fine dell'anno, a rompere l'assedio di Leningrado. In queste offensive l'Armata Rossa dimostrò che i suoi ufficiali avevano imparato molto, mentre divenne chiaro che le forze armate tedesche stavano diventando sempre più deboli. Sebbene la leadership nei carri armati fosse in qualche modo passata ai tedeschi, l'Armata Rossa aveva molto più armature (la maggior parte prodotte nelle proprie fabbriche e alcune fornite dagli americani in prestito) rispetto ai tedeschi. non avevano modo di bloccarli quando avanzavano con determinazione. Per sostenere le loro offensive, i sovietici ricorrevano invariabilmente all'artiglieria, che usarono su scala formidabile, e negli ultimi anni di guerra avrebbero goduto di due importanti vantaggi. Da un lato, il movimento partigiano, che ostacolava le comunicazioni e i trasporti tedeschi quando gli veniva chiesto di farlo in momenti e luoghi critici. D'altra parte, lo spionaggio tedesco sul fronte orientale, che dall'inizio del 1942 era diretto dal generale Reinhard Gehlen, fu quasi sempre vittima della disinformazione sovietica e della disperata incompetenza di Gehlen. Nella primavera del 1944, i sovietici erano in grado di decidere il modo migliore per schiacciare le forze tedesche ancora rimaste nel loro paese e coordinarono i tempi per farlo con i loro alleati. ha ostacolato le comunicazioni e i trasporti tedeschi quando gli è stato chiesto di farlo in momenti e luoghi critici. D'altra parte, lo spionaggio tedesco sul fronte orientale, che dall'inizio del 1942 era diretto dal generale Reinhard Gehlen, fu quasi sempre vittima della disinformazione sovietica e della disperata incompetenza di Gehlen. Nella primavera del 1944, i sovietici erano in grado di decidere il modo migliore per schiacciare le forze tedesche ancora rimaste nel loro paese e coordinarono i tempi per farlo con i loro alleati. ha ostacolato le comunicazioni e i trasporti tedeschi quando gli è stato chiesto di farlo in momenti e luoghi critici. D'altra parte, lo spionaggio tedesco sul fronte orientale, che dall'inizio del 1942 era diretto dal generale Reinhard Gehlen, fu quasi sempre vittima della disinformazione sovietica e della disperata incompetenza di Gehlen. Nella primavera del 1944, i sovietici erano in grado di decidere il modo migliore per schiacciare le forze tedesche ancora rimaste nel loro paese e coordinarono i tempi per farlo con i loro alleati. fu quasi sempre vittima della disinformazione sovietica e della disperata incompetenza di Gehlen. Nella primavera del 1944, i sovietici erano in grado di decidere il modo migliore per schiacciare le forze tedesche ancora rimaste nel loro paese e coordinarono i tempi per farlo con i loro alleati. fu quasi sempre vittima della disinformazione sovietica e della disperata incompetenza di Gehlen. Nella primavera del 1944, i sovietici erano in grado di decidere il modo migliore per schiacciare le forze tedesche ancora rimaste nel loro paese e coordinarono i tempi per farlo con i loro alleati. fu quasi sempre vittima della disinformazione sovietica e della disperata incompetenza di Gehlen. Nella primavera del 1944, i sovietici erano in grado di decidere il modo migliore per schiacciare le forze tedesche ancora rimaste nel loro paese e coordinarono i tempi per farlo con i loro alleati. fu quasi sempre vittima della disinformazione sovietica e della disperata incompetenza di Gehlen. Nella primavera del 1944, i sovietici erano in grado di decidere il modo migliore per schiacciare le forze tedesche ancora rimaste nel loro paese e coordinarono i tempi per farlo con i loro alleati.

A differenza dei sovietici, che erano in grado di concentrarsi su un unico fronte, gli alleati occidentali stavano combattendo una guerra su più fronti. Avendo finalmente contenuto l'avanzata italo-tedesca in Egitto nel luglio 1942, gli inglesi, con il sostegno degli Stati Uniti, si prepararono a lanciare una nuova offensiva lì. Ciò iniziò alla fine di ottobre: in un'estenuante battaglia a El Alamein sconfissero le forze dell'Asse, inseguirono le truppe rimanenti nella loro lenta fuga attraverso i deserti dell'Egitto e della Libia, solo per essere accolti da uno sbarco combinato delle forze statunitensi e statunitensi. Forze britanniche nell'Africa nord-occidentale, ancora sotto il controllo della Francia di

Vichy. L'8 novembre, nella cosiddetta "Operazione Torcia", gli Alleati sono sbarcati con successo sulle coste atlantiche e mediterranee del Marocco e in Algeria. Le unità di Vichy inizialmente combatterono contro le forze alleate, ma poi il generale Dwight Eisenhower, il comandante dell'operazione, raggiunse un accordo con il capo militare del regime di Vichy, l'ammiraglio François Darlan, che si trovava in Algeria a causa della malattia del figlio Alain, per porre fine ai combattimenti e per alcune truppe sotto il suo comando per cambiare lato. Intanto, in Tunisia, grazie alla collaborazione di ufficiali fedeli a Vichy, che non opposero resistenza all'arrivo di truppe tedesche e italiane accorse dalla Sicilia, le potenze dell'Asse riuscirono a mantenere il controllo della capitale e della città. città di Biserta, le due piazze chiave del paese, e fermare l'avanzata degli eserciti alleati. È necessario vedere questi eventi nel più ampio contesto della guerra. Hitler sperava di scacciare gli alleati dall'Africa nordoccidentale, ma non poteva inviare abbastanza forze lì a causa dell'offensiva sovietica a Stalingrado. D'altro canto, le forze inviate a Tunisi erano forze che non poteva più utilizzare per cercare di uscire dall'accerchiamento di Stalingrado. Per gli alleati occidentali l'impatto critico di queste mosse fu che la necessità di lanciare una campagna per prendere la Tunisia dall'Asse (all'esercito di stanza lì si unirono le forze che si erano ritirate da El Alamein) significava che non ci sarebbe stato abbastanza tempo nel 1943 spostare le truppe dall'Africa alla Gran Bretagna e invadere l'Europa attraverso la Manica quello stesso anno,

Nel gennaio del 1943, durante i combattimenti in Tunisia, i vertici politici e militari degli Stati Uniti e del Regno Unito si incontrarono a Casablanca per pianificare i passi futuri. Ormai era chiaro che sarebbe stato impossibile invadere la Francia nel 1943, quindi per dare un reale contributo alla lotta contro l'Asse quell'anno si decise di invadere la Sicilia il prima possibile dopo la vittoria in Tunisia e poi forse Italia. continentale. L'offensiva aerea contro la Germania sarebbe continuata e aumenterebbe di scala; la US Air Force dedicherebbe i suoi sforzi ad attaccare obiettivi industriali e altre importanti infrastrutture durante il giorno, mentre la Royal Air Force britannica continuerebbe a bombardare le città di notte. A causa del costante affondamento di navi nell'Atlantico, dove gli Alleati stavano perdendo sempre più navi di quante ne potessero costruire, nel 1943 fu data la massima priorità alla lotta contro gli U-Boot tedeschi. Sia per alleviare il disagio che l'accordo Darlan aveva causato in Gran Bretagna e negli Stati Uniti, sia per dimostrare ai sovietici che il rinvio dell'invasione in Occidente non implicava in alcun modo un allentamento dello sforzo bellico degli Alleati occidentali, il vertice di Casablanca era anche l'occasione per annunciare pubblicamente una politica su cui avevano concordato molto tempo prima: i paesi dell'Asse avrebbero dovuto arrendersi incondizionatamente. La proposta di esentare l'Italia da questo obbligo era stata posta il veto da Londra e Roosevelt e Churchill hanno escogitato un modo per rendere l'annuncio una parte speciale del loro messaggio al pubblico. nel 1943 la massima priorità fu data alla lotta contro i sottomarini tedeschi. Sia per alleviare il disagio che l'accordo Darlan aveva causato in Gran Bretagna e negli Stati Uniti, sia per dimostrare ai sovietici che il rinvio dell'invasione in Occidente non implicava in alcun modo un allentamento dello sforzo bellico degli Alleati occidentali, il vertice di Casablanca era anche l'occasione per annunciare pubblicamente una politica su cui avevano concordato molto tempo prima: i paesi dell'Asse avrebbero dovuto arrendersi incondizionatamente. La proposta di esentare l'Italia da questo obbligo era stata posta il veto da Londra e Roosevelt e Churchill hanno escogitato un modo per rendere l'annuncio una parte speciale del loro messaggio al pubblico. nel 1943 la massima priorità fu data alla lotta contro i sottomarini tedeschi. Sia per alleviare il disagio che l'accordo Darlan aveva causato in Gran Bretagna e negli Stati Uniti, sia per dimostrare ai sovietici che il rinvio dell'invasione in Occidente non implicava in alcun modo un allentamento dello sforzo bellico degli Alleati occidentali, il vertice di Casablanca era anche l'occasione per annunciare pubblicamente una politica su cui avevano concordato molto tempo prima: i paesi dell'Asse avrebbero dovuto arrendersi incondizionatamente. La proposta di esentare l'Italia da questo obbligo era stata posta il veto da Londra e Roosevelt e Churchill hanno escogitato un modo per rendere l'annuncio una parte speciale del loro messaggio al pubblico. Sia per alleviare il disagio che l'accordo Darlan aveva causato in Gran Bretagna e negli Stati Uniti, sia per dimostrare ai sovietici che il rinvio dell'invasione in Occidente non implicava in alcun modo un rallentamento dello sforzo bellico degli alleati occidentali, il vertice di Casablanca è stata anche l'occasione per annunciare pubblicamente una politica sulla quale avevano concordato molto tempo prima: i paesi dell'Asse avrebbero dovuto arrendersi incondizionatamente. La proposta di esentare l'Italia da questo obbligo era stata posta il veto da Londra e Roosevelt e Churchill hanno escogitato un modo per rendere l'annuncio una parte speciale del loro messaggio al pubblico. Sia per alleviare il disagio che l'accordo Darlan aveva causato in Gran Bretagna e negli Stati Uniti, sia per dimostrare ai sovietici che il rinvio dell'invasione in Occidente non implicava in alcun modo un allentamento dello sforzo bellico degli Alleati occidentali, il vertice di Casablanca era anche l'occasione per annunciare pubblicamente una politica su cui avevano concordato molto tempo prima: i paesi dell'Asse avrebbero dovuto arrendersi incondizionatamente.

Al momento della conferenza di Casablanca, Darlan era stato assassinato da un monarchico francese ei due leader alleati avevano cercato di riconciliare il leader francese libero de Gaulle con il generale francese Henri Giraud, che era riuscito a fuggire da un campo di sterminio. prigionieri tedeschi. De Gaulle si affretterebbe a mettere da parte Guiraud e istituire un governo provvisorio ad Algeri. Un numero considerevole di soldati francesi in Nord Africa si unì alle forze britanniche e americane molto più grandi che combattevano le unità dell'Asse in Tunisia, ora intrappolate tra loro e il contingente britannico che le aveva inseguite in tutta l'Africa. Libia. Al passo di Kasserine, vicino all'estremità meridionale del fronte tunisino, i tedeschi lanciarono un attacco che riuscì a sconfiggere parte dell'ancora inesperto esercito americano, ma i loro progressi furono bloccati e nei mesi successivi sarebbero stati messi alle strette nel nord-est della Tunisia, dove più di 270.000 soldati dell'Asse si arresero all'inizio di maggio 2015. 1943. Proprio come gli aerei da trasporto tedeschi che lottavano per rifornire le truppe accerchiate a Stalingrado non potevano essere utilizzato per rifornire le unità dell'Asse in Tunisia, quindi gli aerei che volano dalla Sicilia alla Tunisia non potevano contribuire al rifornimento aereo della sacca di guerra. Stalingrado. Simile agli americani, che erano stati costretti dall'avanzata giapponese a dirottare alcune delle loro forze nel Pacifico, le potenze dell'Asse europeo furono costrette a combattere su più fronti contemporaneamente. ma i loro progressi si bloccarono e nei mesi successivi sarebbero stati messi alle strette nel nord-est della Tunisia, dove più di 270.000 soldati dell'Asse si arresero all'inizio di maggio 1943. Così come gli aerei da trasporto tedeschi che lottavano per rifornire le truppe accerchiate a Stalingrado non potevano essere utilizzati per rifornire le unità dell'Asse a Tunisi, gli aerei che volavano dalla Sicilia a Tunisi non potevano contribuire al rifornimento aereo della sacca di Stalingrado. Simile agli americani, che erano stati costretti dall'avanzata giapponese a dirottare alcune delle loro forze nel Pacifico, le potenze dell'Asse europeo furono costrette a combattere su più fronti contemporaneamente. ma i loro progressi si fermarono e nei mesi successivi sarebbero stati messi alle strette nel nord-est della Tunisia, dove più di 270.000 soldati dell'Asse si arresero all'inizio di maggio 1943. Così come gli aerei da trasporto tedeschi che lottavano per rifornire le truppe accerchiate a Stalingrado non potevano essere utilizzati per rifornire le unità dell'Asse a Tunisi, gli aerei che volavano dalla Sicilia a Tunisi non potevano contribuire al rifornimento aereo della sacca di Stalingrado. Simile agli americani, che erano stati costretti dall'avanzata giapponese a dirottare alcune delle loro forze nel Pacifico, le potenze dell'Asse europeo furono costrette a combattere su più fronti contemporaneamente. dove più di duecentosettantamila soldati dell'Asse si arresero all'inizio di maggio 1943. Proprio come gli aerei da trasporto tedeschi che lottavano per rifornire le truppe accerchiate a Stalingrado non potevano essere usati per rifornire le unità dell'Asse in Tunisia, gli aerei che volavano dalla Sicilia alla Tunisia non potevano contribuire alla fornitura d'aria della tasca di Stalingrado. Simile agli americani, che erano stati costretti dall'avanzata giapponese a dirottare alcune delle loro forze nel Pacifico, le potenze dell'Asse europeo furono costrette a combattere su più fronti contemporaneamente.   dove   più   di duecentosettantamila soldati dell'Asse si arresero all'inizio di maggio 1943. Proprio come gli aerei da trasporto tedeschi che lottavano per rifornire le truppe accerchiate a Stalingrado non potevano essere usati per rifornire le unità dell'Asse in Tunisia, gli aerei che volavano dalla Sicilia alla Tunisia non potevano contribuire al rifornimento aereo della sacca di Stalingrado. Simile agli americani, che erano stati costretti dall'avanzata giapponese a dirottare alcune delle loro forze nel Pacifico, le potenze dell'Asse europeo furono costrette a combattere su più fronti contemporaneamente. gli aerei che volavano dalla Sicilia alla Tunisia non potevano contribuire al rifornimento aereo della sacca di Stalingrado. Simile agli americani, che erano stati costretti dall'avanzata giapponese a dirottare alcune delle loro forze nel Pacifico, le potenze dell'Asse europeo furono costrette a combattere su più fronti contemporaneamente. gli aerei che volavano dalla Sicilia alla Tunisia non potevano contribuire al rifornimento aereo della sacca di Stalingrado.

Guerra in mare e nell'aria

Le operazioni di resa post-Asse in Tunisia e gli sbarchi in Sicilia e nell'Italia continentale presupponevano che gli Alleati riuscissero a invertire le sorti della guerra in mare, che divenne la loro massima priorità. Nonostante le difficili battaglie dei convogli contro i sottomarini tedeschi a marzo e aprile, gli alleati ottennero una grande vittoria a maggio e giugno 1943. L'uso di più aerei a lungo raggio, navi da guerra aggiuntive, portaerei di scorta e radar marittimi e il rinnovato cracking della marina tedesca il codice ha permesso alle marine britannica, americana e canadese di affondare così tanti sottomarini che Dönitz ha cancellato il Nord Atlantico. Hitler lo incoraggiò a sviluppare due nuove classi di sottomarini e quindi a subordinare la strategia nella parte settentrionale del fronte orientale alla necessità di controllare il Mar Baltico in modo da poter testare le navi e addestrare gli equipaggi. Tuttavia, quando i nuovi sottomarini furono pronti, nell'aprile 1945, la guerra stava finendo. D'altra parte, gli Alleati si liberarono dalla camicia di forza che le perdite navali imponevano alle loro decisioni strategiche nell'autunno del 1943, quando la costruzione di nuove navi superò le perdite totali, una statistica che da allora in poi sarebbe solo migliorata. . nell'aprile 1945 la guerra stava finendo. D'altra parte, gli Alleati si liberarono dalla camicia di forza che le perdite navali imponevano alle loro decisioni strategiche nell'autunno del 1943, quando la costruzione di nuove navi superò le perdite totali, una statistica che da allora in poi sarebbe solo migliorata. . nell'aprile 1945 la guerra stava finendo. D'altra parte, gli Alleati si liberarono dalla camicia di forza che le perdite navali imponevano alle loro decisioni strategiche nell'autunno del 1943, quando la costruzione di nuove navi superò le perdite totali, una statistica che potrebbe solo migliorare in seguito. .

Durante il 1942 e il 1943 gli inglesi e gli americani aumentarono notevolmente gli attacchi aerei contro la Germania e quelle parti d'Europa che erano sotto il controllo tedesco. I bombardamenti su larga scala che gli inglesi effettuarono su Amburgo nel luglio 1943 innescarono per la prima volta una tempesta di fuoco, un tipo di disastro urbano che si sarebbe ripresentato più volte negli attacchi successivi. Al di là delle discussioni sull'efficacia dei bombardamenti strategici e sulla moralità degli attacchi ai centri urbani che questa offensiva ha provocato sia durante che dopo la guerra, ci sono diversi aspetti di queste operazioni che non sono in dubbio. Il popolo tedesco, che tanto aveva applaudito al fatto che il regime nazista avesse infranto le restrizioni imposte dal trattato di pace del 1919, stava ora vivendo ciò che i vincitori della prima guerra mondiale avevano cercato di impedire. Dopo il 1945 alcune città tedesche avrebbero volutamente conservato le rovine di qualche importante edificio, solitamente una chiesa, in modo che le generazioni successive potessero ricordare le conseguenze della guerra. Un altro effetto significativo del bombardamento è stato che ha interrotto in modo significativo la produzione industriale, il sistema di trasporto e l'importantissima industria dei combustibili sintetici. Nel 1943 i tedeschi iniziarono a sparare più proiettili in aria che in prima linea, e nel 1944 ci sarebbero stati più cannoni di artiglieria tedeschi che miravano in cielo che a bersagli a terra. Inoltre, per far funzionare i sistemi antiaerei, i tedeschi hanno dovuto usare letteralmente centinaia di migliaia di uomini, prigionieri e, è giunto il momento, ragazzi e ragazze. Proprio come i 1.000 sottomarini costruiti dalla Germania durante la guerra utilizzavano materiale che altrimenti avrebbe prodotto 30.000 carri armati per il fronte orientale,

Questa deviazione di risorse per la difesa contro i bombardamenti minacciò di far pendere la bilancia contro gli alleati occidentali nell'autunno del 1943. L'uso combinato di un gran numero di caccia con il fuoco antiaereo da terra inflisse perdite crescenti ai bombardieri attaccanti. Quando il tasso di perdita raggiunse un livello elevato, gli Alleati dovettero modificare le operazioni, poiché il controllo totale dell'aria nell'Europa occidentale era un prerequisito fondamentale per qualsiasi invasione del continente come lo era stato per l'invasione dell'Inghilterra. pianificato dai tedeschi. In questo contesto la necessità di scortare i bombardieri verso i loro obiettivi portò al successo del ruolo dell'F-51 Mustang e alle importanti battaglie aeree di febbraio e marzo 1944.

L'immediata continuazione della campagna tunisina fu l'Operazione Husky, lo sbarco delle truppe britanniche e americane in Sicilia il 10 luglio 1943. L'arrivo via mare delle forze alleate fu preceduto da un inganno che portò i tedeschi ad aspettarsi invasioni. in altri luoghi e assalti aerei che, pur comportando una buona dose di confusione, contribuirono un po' a facilitare lo sbarco. Le unità italiane si sciolsero in tempi relativamente brevi mentre le unità tedesche combatterono ostinatamente, minacciando a un certo punto di sconfiggere le forze americane sbarcate a Gela. Quando l'8a armata britannica incontrò difficoltà nel sud-est dell'isola, il generale Montgomery, comandante dell'8a armata britannica, scelse di prendere una delle rotte principali assegnate nel piano originale alla 7a armata statunitense, che a sua volta fece decidere al generale Patton di avanzare verso Palermo nell'estremo nord-ovest. Sebbene quell'offensiva funzionasse, gli Alleati in seguito dovettero scacciare i tedeschi dalla parte nord-orientale dell'isola, cosa che finalmente riuscirono a fare; tuttavia, ciò che non potevano impedire era che il grosso delle truppe tedesche fuggisse attraverso lo Stretto di Messina (carta 11).

La conquista alleata della Sicilia ebbe tre importanti effetti sulla guerra. Contribuì a precipitare la caduta di Mussolini, che fu estromesso dai suoi associati fascisti il 25 luglio e successivamente arrestato per ordine del re Vittorio Emanuele III. Ormai il fascismo non aveva più lo stesso appoggio tra la popolazione italiana: il regime aveva perso l'impero coloniale del paese; aveva subito pesanti perdite sul fronte orientale, in cui gli italiani non volevano che il loro paese fosse coinvolto; e, bisogna aggiungere, aveva allineato completamente la nazione ai tedeschi, ai quali generalmente non piacevano gli italiani, soprattutto ora che le truppe al comando di Hitler si stavano riversando nella penisola. Quest'ultima domanda è legata alla seconda conseguenza della campagna siciliana. Quando divenne evidente che sia l'esercito italiano che l'opinione pubblica erano stanchi della guerra, l'Alto Comando tedesco si rese conto che avrebbe dovuto sostituire con le sue truppe le unità italiane di stanza nella Francia, Jugoslavia e Grecia occupate, nonché quelle incaricate di difendere la stessa penisola italiana. Sebbene la situazione fosse diventata chiara dopo la resa italiana nel settembre 1943, i leader tedeschi avevano iniziato a capirla mesi prima.

La terza conseguenza della vittoria alleata in Sicilia è correlata alla seconda: gli Alleati decisero di invadere l'Italia continentale mentre il governo di Pietro Badoglio, che aveva sostituito Mussolini, negoziava la resa. Gli sbarchi alleati di settembre, gli inglesi in punta di piedi e una forza anglo-americana combinata a Salerno, vicino a Napoli, costrinsero i tedeschi a scegliere tra impegnare forze significative per la difesa della penisola o semplicemente abbandonarla. . Optarono per il primo, il che significava che da quel momento in poi due interi eserciti avrebbero combattuto in Italia invece di sostenere il ritiro dell'esercito tedesco sul fronte orientale o rafforzare le truppe destinate a Francia e Belgio,

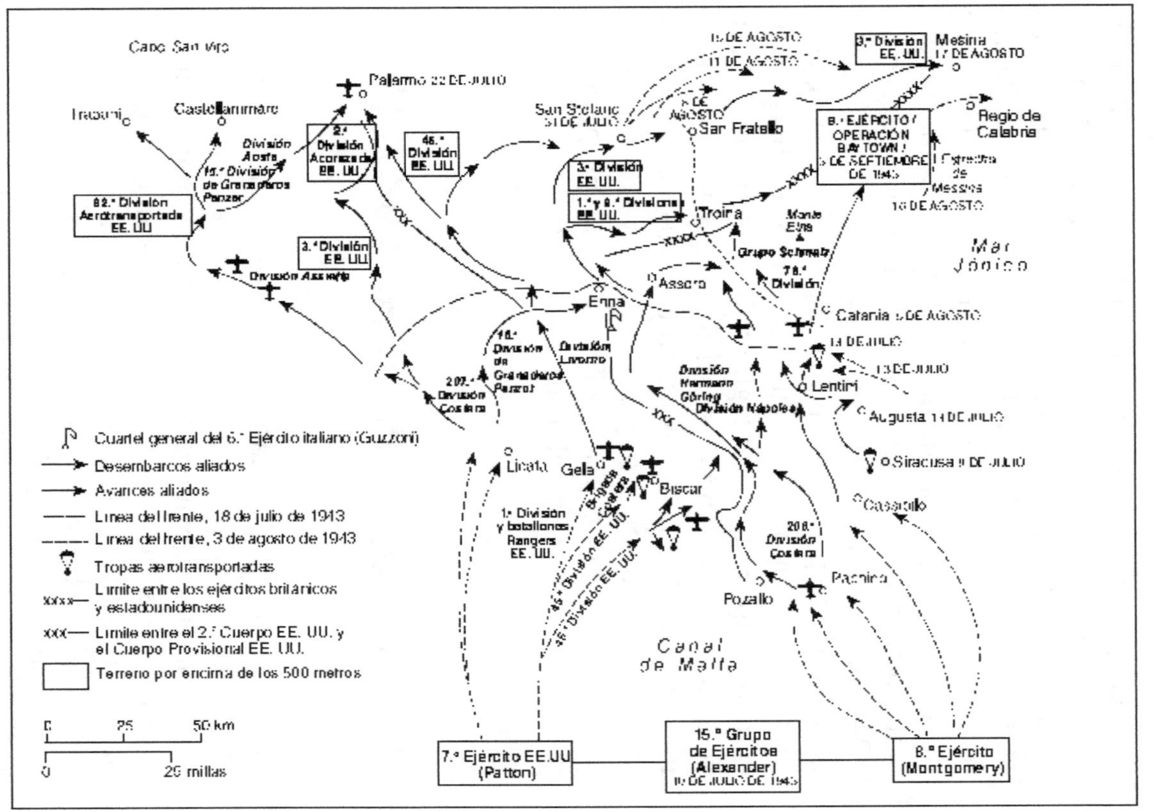

11. La campagna siciliana

La gara in Italia ha contrapposto due eserciti alleati contro due eserciti tedeschi in una campagna in cui il controllo aereo alleato ha compensato il terreno che favoriva la difesa. In una feroce battaglia, gli Alleati si fecero strada attraverso la penisola. Sebbene il tentativo di sbloccare quella che sembrava una situazione di stallo atterrando ad Anzio, a sud di Roma, nel gennaio 1944 non ebbe il risultato sperato, gli Alleati riuscirono a prendere la provincia di Foggia, che fornì loro, come previsto, aeroporti da cui lanciare bombardamenti contro importanti bersagli nelle parti dell'Europa centrale e sudorientale controllate dai tedeschi e dai loro alleati. Nello stesso momento in cui i sovietici stavano pianificando la grande offensiva dell'estate del 1944, gli alleati occidentali si stavano preparando a lanciare, più o meno nello stesso periodo,

La guerra nel Pacifico, 1942-1943

Per i mesi in cui gli alleati stavano conducendo offensive intermittenti contro le potenze dell'Asse in Nord Africa e in Europa, stavano svolgendo operazioni simili nel Pacifico e nell'Asia orientale. Dopo la decisiva vittoria navale a Midway, gli americani lanciarono un'offensiva nelle Isole Salomone all'inizio di agosto 1942, dove la costruzione di un aeroporto giapponese a Guadalcanal minacciò le comunicazioni marittime con l'Australia. I giapponesi optarono per una procedura che, vista la situazione, gli americani non avevano altra scelta che seguire: continuare a inviare rinforzi. Il risultato fu una battaglia di logoramento durata sei mesi, vinta alla fine dagli americani; nel febbraio 1943 i giapponesi evacuarono le restanti unità sull'isola. Tuttavia, mentre gli americani sono stati in grado di sostituire le perdite subite e in effetti hanno aumentato le loro forze nel Pacifico, i giapponesi non erano nella posizione di farlo. Mentre le battaglie si svolgevano a, intorno e su Guadalcanal, in Nuova Guinea le forze americane e australiane stavano ricacciando i giapponesi sul Kokoda Trail, prima di effettuare una serie di sbarchi sulla costa settentrionale dell'isola.

Gli Stati Uniti ora cercavano di sconfiggere il Giappone attraverso una doppia spinta nel Pacifico, supportata da due offensive aggiuntive nell'Asia orientale. Nel Pacifico sudoccidentale una serie di operazioni di sbarco guidate dal generale Douglas MacArthur sarebbe avanzata attraverso le isole che i giapponesi avevano occupato nella loro offensiva iniziale per raggiungere le Filippine, ponendo le basi per l'attacco all'arcipelago giapponese. Nel Pacifico centrale, le unità dei marines e dell'esercito al comando dell'ammiraglio Chester Nimitz, dopo aver bonificato le due isole Aleutine prese dai giapponesi, avrebbero intrapreso una serie di operazioni navali per penetrare attraverso i gruppi di isole perduti dagli inglesi e quelli amministrati dai giapponesi da mandato della Società delle Nazioni dopo la fine della prima guerra mondiale, quindi sulla buona strada per le Filippine, bene a Taiwan, e alla fine avrebbero attaccato il Giappone. Si sperava che fosse possibile lanciare una terza offensiva dalla Cina, che era molto più vicina all'arcipelago giapponese, e che un assalto sovietico da nord dopo la vittoria sulla Germania avrebbe tenuto occupate le forze giapponesi in Cina e avrebbe minacciato la metropoli da una nuova prospettiva. indirizzo.

Dato che i combattimenti erano in corso in Cina dal 1937, potrebbe essere utile soffermarsi un momento su quella scena di guerra. L'esercito giapponese in Cina ha lanciato regolarmente offensive locali nelle aree ancora sotto il controllo del governo nazionalista, ma il governo nazionalista ha continuato a difendersi. Gli Stati Uniti stavano supportando una piccola unità di caccia in Cina, alla quale speravano di aggiungere bombardieri in grado di raggiungere le isole del Giappone. Gli sforzi per cacciare i giapponesi dal nord della Birmania insieme agli inglesi erano principalmente volti non solo ad aumentare la quantità di rifornimenti inviati ai cinesi nazionalisti, ma anche a consentire il dispiegamento dei bombardieri. Fino alla costruzione di una nuova strada o alla riapertura del percorso originale tagliato dai giapponesi,

La combinazione di tre elementi portò i giapponesi a lanciare due grandi offensive nell'estate del 1944. Lo sviluppo di basi aeree in Cina da cui i bombardieri americani a lungo raggio potevano raggiungere il Giappone, l'aumento del rifornimento aereo via Assam e il crescente successo degli Alleati sottomarini contro navi giapponesi portarono alla decisione di lanciare l'offensiva Ichi Go in Cina per catturare i nuovi aeroporti e, contemporaneamente, aprire un collegamento ferroviario con i territori conquistati del sud-est asiatico. che era stata isolata a causa dell'affondamento di molte navi mercantili da parte degli Alleati. La seconda offensiva, contro l'Assam dalla Birmania, aveva l'obiettivo di interrompere la rotta del rifornimento aereo e si ipotizzava che potesse innescare una rivolta anche in India. L'offensiva in Cina è stata un successo totale. A lungo termine, contribuì a spianare la strada alla vittoria comunista nella successiva guerra civile; a breve è riuscito a porre fine ai bombardamenti del

Giappone dalla Cina e mettere fine all'idea di invadere l'arcipelago da quel paese. L'invasione della provincia di Assam, invece, finì per diventare la più grande sconfitta della guerra per l'esercito giapponese, schiacciato nella battaglia di Imfal-Kohima dall'esercito anglo-indiano, che da allora iniziò l'espulsione di i giapponesi della Birmania centrale e meridionale. contribuì a spianare la strada alla vittoria comunista nella successiva guerra civile; a breve è riuscito a porre fine ai bombardamenti del Giappone dalla Cina e mettere fine all'idea di invadere l'arcipelago da quel paese. L'invasione della provincia di Assam, invece, finì per diventare la più grande sconfitta della guerra per l'esercito giapponese, schiacciato nella battaglia di Imfal-Kohima dall'esercito anglo-indiano, che da allora iniziò l'espulsione dei giapponesi dalla Birmania centrale e meridionale. contribuì a spianare la strada alla vittoria comunista nella successiva guerra civile; a breve è riuscito a porre fine ai bombardamenti del Giappone dalla Cina e mettere fine all'idea di invadere l'arcipelago da quel paese. L'invasione della provincia di Assam, invece, finì per diventare la più grande sconfitta della guerra per l'esercito giapponese, schiacciato nella battaglia di Imfal-Kohima dall'esercito anglo-indiano, che da allora iniziò l'espulsione di i giapponesi della Birmania centrale e meridionale. a breve è riuscito a porre fine ai bombardamenti del Giappone dalla Cina e mettere fine all'idea di invadere l'arcipelago da quel paese. L'invasione della provincia di Assam, invece, finì per diventare la più grande sconfitta della guerra per l'esercito giapponese, schiacciato nella battaglia di Imfal-Kohima dall'esercito anglo-indiano, che da allora iniziò l'espulsione di i giapponesi della Birmania centrale e meridionale. a breve è riuscito a porre fine ai bombardamenti del Giappone dalla Cina e mettere fine all'idea di invadere l'arcipelago da quel paese. L'invasione della provincia di Assam, invece, finì per diventare la più grande sconfitta della guerra per l'esercito giapponese, schiacciato nella battaglia di Imfal-Kohima dall'esercito anglo-indiano, che da allora iniziò l'espulsione di i giapponesi della Birmania centrale e meridionale.

Nel Pacifico sudoccidentale, le forze statunitensi con un certo supporto australiano respinsero i giapponesi in una serie di sbarchi sulle Isole Salomone e sull'Ammiragliato e sulla costa settentrionale della Nuova Guinea. Entro l'estate del 1944, l'offensiva aveva completamente isolato i restanti territori e basi giapponesi e gli Stati Uniti si stavano preparando ad assaltare le Filippine. Nell'area del Pacifico centrale, un'altra serie di sbarchi, a cominciare da quello a Tarawa nelle Isole Gilbert, era proseguita fino alle Marianne, dove il primo sbarco, a Saipan, avvenne nel giugno 1944. Su questa rotta erano presenti forze e basi giapponesi anche lasciato indietro e la marina fu decimata.

La resistenza nelle zone occupate e le politiche dei paesi neutrali al momento del cambio di rotta

Le chiare indicazioni in tutti i teatri del conflitto che gli Alleati avevano ribaltato la guerra servirono a stimolare movimenti di resistenza nei territori che tedeschi, italiani e giapponesi avevano occupato e tuttora controllavano. Questo è stato il caso dell'Europa occidentale e sudorientale, nonché della Danimarca e della Norvegia. Là, come nelle Filippine, nelle Indie orientali olandesi e in altre aree ancora detenute dai giapponesi, l'orribile condotta delle forze di occupazione contribuì alla crescita della resistenza. Gli Alleati avevano spesso contatti con questi movimenti e fornivano loro armi. Il cambiamento del governo britannico in relazione alla situazione in Jugoslavia, dove è passato dall'appoggio ai cetnici, la guerriglia monarchica, al sostegno ai partigiani comunisti,

L'evidente cambio di rotta che stava subendo la guerra influenzò anche il comportamento dei pochi paesi ancora neutrali. La Turchia ridusse le spedizioni di cromo alla Germania e le dichiarò guerra nel febbraio 1945. Il Portogallo si oppose con meno veemenza all'uso delle Azzorre da parte degli Alleati nella battaglia dell'Atlantico e la Spagna ridusse le forze che combattevano a fianco dei tedeschi. sul fronte orientale. A poco a poco anche la Svezia smise di aiutare i tedeschi. Solo la Svizzera ha continuato ad aiutare finanziariamente il Paese fino alle ultime settimane del conflitto.

Un fattore importante nell'inversione di tendenza è stata la volontà degli Alleati di tentare almeno di coordinare i loro sforzi. Lo hanno fatto in occasione di conferenze e missioni diplomatiche e militari, e questo nonostante ci fossero spesso discussioni e divergenze tra di loro. Le conferenze di Mosca, Il Cairo e Teheran del 1943 simboleggiarono questa procedura nell'opinione pubblica, ma è un dato di fatto che americani e inglesi in particolare impararono a lavorare insieme in modo efficace. Tedeschi, italiani e giapponesi, invece, non hanno mai cercato di coordinare le loro strategie o di tenersi reciprocamente informati. Mentre gli alleati condividevano persino le informazioni ottenute attraverso i loro servizi di spionaggio, le potenze dell'Asse non fecero nulla del genere.

7

L'evoluzione del fronte interno ei progressi tecnologici e medici

Germania

L'impatto della guerra sui fronti interni degli aggressori fu tremendo. Il razionamento in Germania iniziò alla fine di agosto 1939. Per gran parte dello scontro, le razioni in Germania furono le più grandi d'Europa, integrate nei primi anni dai milioni di pacchi di soldati inviati a casa dalle terre occupate dall'esercito tedesco. Questi pacchi contenevano sia merci rubate in grandi quantità che articoli acquistati in valute deliberatamente sottovalutate. La situazione peggiorò negli anni 1943-1945, quando l'esercito tedesco si ritirò e i bombardamenti alleati interruppero il sistema di trasporto. Una parte considerevole delle abitazioni tedesche è stata distrutta o danneggiata a causa dei bombardamenti e, negli ultimi sette mesi del conflitto, a causa dei combattimenti all'interno del Paese. I vestiti, anche i mobili e altri oggetti che i tedeschi rubarono agli ebrei assassinati e che il National Socialist People's Welfare distribuiva tra le vittime dei bombardamenti divennero scarsi. D'altra parte, i capi del regime nazista, Hitler, Göring e Alfred Rosenberg, hanno speso molto tempo e sforzi per saccheggiare tesori d'arte in tutta Europa.

Fino alle ultime settimane sono stati mantenuti senza gravi disagi i programmi per la sterilizzazione obbligatoria di coloro che si ritiene abbiano una prole anormale e i premi speciali e le medaglie per coloro che avevano un gran numero di figli del tipo "corretto" creati nel 1933 . dalla guerra. Il progetto avviato nel 1939 per uccidere tutti coloro che soffrono di gravi disabilità mentali e fisiche e altre persone confinate in manicomi e case per anziani ha sollevato alcune obiezioni tra le chiese cristiane. Poiché le vittime avevano parenti nella popolazione "ariana", il regime, i cui leader erano convinti che la Germania non fosse stata sconfitta nella prima guerra mondiale ma fosse stata pugnalata alle spalle da problemi interni, modificò la procedura per calmare lo scandalo. Nell'agosto 1941, l'uccisione fu ufficialmente condannata a cessare, ma in realtà continuò in maniera decentralizzata fino a quando le autorità di occupazione non vi posero fine con la forza. Il decentramento del processo liberò coloro che lavoravano nei centri dove venivano commessi gli omicidi, che furono trasferiti nelle nuove istituzioni create nella Polonia occupata per l'eliminazione sistematica degli ebrei.

La mappa della Germania era ricoperta di campi di concentramento e sottocampi in cui venivano detenuti prigionieri di guerra, schiavi rapiti nei paesi occupati e chiunque fosse sospettato di opporsi al regime, e da cui venivano presi, letteralmente a milioni, per lavorare al fianco tedeschi che non erano stati arruolati. La continuazione del sistema di polizia instaurato prima della guerra, la sua conoscenza universale e il timore delle denunce colpirono gravemente l'intera società tedesca. Nonostante la morte di oltre cinque milioni di soldati e diverse centinaia di migliaia di civili, la stragrande maggioranza dei tedeschi ha continuato a sostenere il regime fino alle ultime settimane di guerra.

Polonia

Nessun paese è stato cambiato più radicalmente dalla guerra della Polonia. Nel 1939 la Germania e l'Unione Sovietica si divisero il paese; poi i tedeschi occuparono la parte assegnata ai sovietici; in seguito l'Armata Rossa occupò l'intero paese; e, infine, si spostò ad ovest, dovendo cedere la parte orientale all'Unione Sovietica e in compenso ricevette territori precedentemente appartenenti alla Germania ad ovest ea nord. Sia i tedeschi che i sovietici uccisero e deportarono un gran numero di polacchi; tuttavia, c'erano alcune differenze fondamentali tra le politiche dell'uno e dell'altro. I tedeschi avevano deciso di spazzare via gli ebrei in tutto il mondo e, in adempimento del loro piano, uccisero più di tre milioni di ebrei polacchi; Dopo la guerra, rimasero solo i pochi che riuscirono a nascondersi oa sopravvivere nei campi. I sovietici, dal canto loro, deportò semplicemente un numero sproporzionato di ebrei, molti dei quali morirono nel processo, ma poiché i sopravvissuti erano stati deportati in Asia centrale erano fuori dalla portata dei nazisti. I tedeschi avevano anche pianificato di spazzare via l'intera popolazione cristiana della Polonia, a cominciare dall'élite intellettuale e dal clero e continuando con il resto, attraverso lavori forzati, sterilizzazioni di massa e omicidi. Circa tre milioni di cristiani polacchi furono vittime di questa politica prima che i tedeschi venissero espulsi dal paese. L'obiettivo era che alla fine l'intero paese sarebbe stato interamente popolato da coloni tedeschi. L'Unione Sovietica, invece, voleva solo convertire tutti i polacchi, cristiani o ebrei che fossero, in buoni comunisti stalinisti; Tuttavia,

All'interno della Polonia occupata la resistenza aveva movimenti sia nazionalisti che comunisti, sebbene il primo sarebbe stato schiacciato nell'immediato dopoguerra. Combattere attraverso il paese a ondate ripetute lasciò gran parte del paese in rovina e, dopo una grande rivolta nell'estate del 1944, i tedeschi iniziarono a radere al suolo sistematicamente la capitale, Varsavia. Un fatto ironico fu che, a causa della rapida avanzata dell'Armata Rossa nell'estate del 1944-1945, parte dei territori della Germania settentrionale e occidentale che la Polonia ricevette dopo la guerra furono meno devastati; una volta sfrattata la popolazione tedesca locale, i polacchi che vi si stabilirono provenivano principalmente dai territori orientali ceduti all'Unione Sovietica. Anche diverse città del territorio occidentale erano state devastate durante la guerra, ma non le aree rurali. Dopo la guerra, molti dei polacchi che erano riusciti a fuggire dall'occupazione tedesca o sovietica si rifiutarono di tornare nel loro paese perché non volevano vivere sotto il regime comunista che vi era insediato. L'attrito tra i polacchi e gli ucraini è continuato durante e dopo la guerra e, a volte, ha portato a violenze e ha causato il reinsediamento forzato di molti ucraini dopo il conflitto armato.

Danimarca e Norvegia

Se la Polonia è stata il paese che è cambiato di più a causa della guerra, la Danimarca è stata quella che è cambiata di meno. Il governo danese si arrese nel 1940, ma mantenne il controllo amministrativo del paese fino all'agosto 1943; sopravvisse, in parte, dopo che i tedeschi assunsero un'autorità più diretta e fu liberato senza combattere a causa della resa della Germania. Tuttavia, ci sono stati alcuni arresti e un movimento di resistenza in lenta crescita. Mentre la produzione agricola del paese aiutava a nutrire la Germania, il popolo danese salvò quasi tutti gli ebrei danesi aiutandoli a raggiungere la Svezia o nascondendoli quando i tedeschi decisero di ucciderli nel 1943. L'unione con l'Islanda terminò durante il conflitto. In effetti, sia l'Islanda che la Groenlandia si schierarono con gli Alleati,

La situazione in Norvegia era molto diversa da quella in Danimarca. I combattimenti del 1940 provocarono alcune distruzioni e poi, negli ultimi mesi di guerra, i tedeschi distrussero deliberatamente tutti gli edifici e le strutture mentre si ritiravano dalla parte nord-orientale del paese. Le incursioni dei commando e la resistenza locale hanno causato danni in alcune città; e poiché le navi norvegesi si unirono agli Alleati, molte furono affondate durante la guerra. Tuttavia, nelle principali città la distruzione fu scarsa. Trondheim doveva diventare una delle principali città tedesche, un piano grandioso portato a termine dalla vittoria degli Alleati. Si sono scatenate controversie interne che hanno lasciato problemi che dovevano essere risolti una volta finita la guerra. Il capo del governo durante l'occupazione, Vidkun Quisling, il cui cognome divenne sinonimo di tradimento e collaborazione con gli invasori, sarebbe processato e giustiziato, uno dei modi per trattare con i collaboratori. Le vittime di guerra includono molti dei membri della resistenza, che furono giustiziati dai tedeschi, e la maggior parte degli ebrei del paese, che furono assassinati quando il segretario di

Stato Ernst von Weizsäcker, secondo in comando al Ministero degli Esteri tedesco, rifiutò l'offerta della Svezia di accoglierli . Tuttavia, il contingente tedesco che Hitler vi aveva di stanza per respingere una possibile invasione alleata, una forza di notevoli dimensioni, cedette il grosso del territorio norvegese senza causare danni nel 1945. uno dei modi per trattare con i collaboratori. Le vittime di guerra includono molti dei membri della resistenza, che furono giustiziati dai tedeschi, e la maggior parte degli ebrei del paese, che furono assassinati quando erano secondi in comando al Ministero degli Esteri tedesco, Il segretario di Stato Ernst von Weizsäcker ha rifiutato l'offerta della Svezia di accoglierli. Tuttavia, il contingente tedesco che Hitler vi aveva di stanza per respingere una possibile invasione alleata, una forza di notevoli dimensioni, cedette il grosso del territorio norvegese senza causare danni nel 1945. uno dei modi per trattare con i collaboratori. Le vittime di guerra includono molti dei membri della resistenza, che furono giustiziati dai tedeschi, e la maggior parte degli ebrei del paese, che furono assassinati quando il segretario di Stato Ernst von Weizsäcker, secondo in comando al Ministero degli Esteri tedesco, rifiutò l'offerta della Svezia di accoglierli . Tuttavia, il contingente tedesco che Hitler vi aveva di stanza per respingere una possibile invasione alleata, una forza di notevoli dimensioni, cedette la maggior parte del territorio norvegese senza causare danni nel 1945.

Olanda, Belgio, Lussemburgo e Francia

I Paesi Bassi furono teatro di combattimenti e bombardamenti nel 1940 e di nuovo nel 1944-1945. Nel 1944 i tedeschi aprirono degli argini in alcuni punti per allagare alcune zone, e il paese soffrì di carestia nell'inverno 1944-1945. L'attività di resistenza aveva portato alla fucilazione di ostaggi in numero considerevole e la maggior parte degli ebrei del paese furono deportati nei campi di sterminio. Mentre le Indie occidentali olandesi, le Antille, erano al sicuro dai tedeschi e dai giapponesi, le Indie orientali erano occupate da questi ultimi. L'alterazione del precedente governo coloniale e la liberazione da parte delle forze degli Stati Uniti e dell'Australia stimolarono le aspirazioni di indipendenza di quei territori,

Il Belgio fu anche teatro di pesanti combattimenti nel 1940 e 1944-1945, in particolare a causa dell'offensiva tedesca nelle Ardenne nel dicembre 1944, che causò notevoli distruzioni in alcuni luoghi. Durante l'occupazione i tedeschi giustiziarono molti membri della resistenza, reali o immaginari, e tornarono a massacrare i civili nella loro offensiva finale. Il fatto che il re, a differenza della regina d'Olanda, fosse rimasto nel paese poneva problemi al governo al suo ritorno dall'esilio. L'occupazione aveva aumentato l'attrito tra gli elementi valloni e fiamminghi della popolazione e la maggior parte degli ebrei del paese erano stati uccisi. Il Belgio impiegherebbe anni per riprendersi e gli attriti interni sono continuati.

Il Lussemburgo fu rapidamente occupato nel 1940. La Germania annesse il territorio e attuò varie misure per germanizzarlo. Tuttavia, sebbene ci siano stati alcuni combattimenti nell'inverno 1944-1945, i danni materiali furono lievi. La Granduchessa, che era andata in esilio a Londra, tornò nel paese quando riconquistò la sua indipendenza.

La situazione interna in Francia era straordinariamente complicata e ciò influenzò sia l'impatto immediato della guerra che la memoria, le discussioni e le politiche del Paese dopo il conflitto. I combattimenti di maggio e giugno 1940 provocarono alcuni danni, ma nulla di paragonabile a quanto sperimentato nel precedente confronto. I tedeschi occuparono la maggior parte del paese e nel novembre 1942 il resto. Furono giustiziati un gran numero di ostaggi e la stessa sorte toccò a molti membri della resistenza o semplicemente sospettati di esserlo; numerose comunità furono completamente rase al suolo. Una parte della popolazione ebraica fu portata nei centri di sterminio, ma la maggioranza sopravvisse, anche a causa delle obiezioni del clero e delle famiglie francesi che aiutarono gli ebrei a nascondersi, ma soprattutto perché le invasioni alleate del 1944 fermarono il programma di deportazione in corso. Queste invasioni, così come i bombardamenti che le hanno precedute e accompagnate, hanno causato un numero non indifferente di vittime civili e gravi danni, soprattutto nel nord e nord-est del Paese.

Il regime di Vichy, insediato nella parte non occupata della Francia, ha cercato di invertire tutti i cambiamenti che il paese aveva vissuto dal 1789 e ha lasciato discussioni, miti e ricordi per scuotere la sfera pubblica francese per i successivi cento anni. Nel 1944-1945 vi fu una valanga di esecuzioni sommarie di collaboratori reali o immaginari e, successivamente, alcuni processi. La resistenza ha anche lasciato i propri miti per i dibattiti del dopoguerra. Il vasto impero coloniale francese, che era stato diviso tra la lealtà a Vichy e la lealtà a de Gaulle, il leader della Francia libera, era stato oggetto di controversie in molti casi e alla fine della guerra fu scosso da movimenti anticoloniali. Sebbene l'agricoltura fosse una parte importante dell'economia francese, le città conoscevano la carestia. La maggior parte di coloro che erano stati deportati per i lavori forzati tornò a casa nel 1945, mentre decine di migliaia di prigionieri di guerra tedeschi rimasero in Francia come lavoro forzato e dovettero aiutare a coltivare e ricostruire. La rapida sconfitta del 1940 era stata un duro colpo per l'orgoglio nazionale e il generale de Gaulle dedicò i suoi migliori e peggiori sforzi per rianimarlo. Sebbene il presidente Truman abbia sventato il suo tentativo di annettere una parte dell'Italia nord-occidentale, il paese ha ricevuto zone di occupazione in Germania e Austria, nonché settori a Berlino e Vienna, ha ottenuto il pieno controllo del Saarland, un seggio nel Consiglio di controllo alleato per la Germania e, inoltre, un seggio permanente nel Consiglio di Sicurezza dell'Organizzazione delle Nazioni Unite. mentre decine di migliaia di prigionieri di guerra tedeschi rimasero in Francia come lavoro forzato e dovettero aiutare a coltivare e ricostruire. La rapida sconfitta del 1940 era stata un duro colpo per l'orgoglio nazionale e il generale de Gaulle dedicò i suoi migliori e peggiori sforzi per rianimarlo. Sebbene il presidente Truman abbia sventato il suo tentativo di annettere una parte dell'Italia nord-occidentale, il paese ha ricevuto zone di occupazione in Germania e Austria, nonché settori a Berlino e Vienna, ha ottenuto il pieno controllo del Saarland, un seggio nel Consiglio di controllo alleato per la Germania e, inoltre, un seggio permanente nel Consiglio di Sicurezza dell'Organizzazione delle Nazioni Unite. mentre decine di migliaia di prigionieri di guerra tedeschi rimasero in Francia come lavoro forzato e dovettero aiutare a coltivare e ricostruire. La rapida sconfitta del 1940 era stata un duro colpo per l'orgoglio nazionale e il generale de Gaulle dedicò i suoi migliori e peggiori sforzi per rianimarlo. Sebbene il presidente Truman abbia sventato il suo tentativo di annettere una parte dell'Italia nord-occidentale, il paese ha ricevuto zone di occupazione in Germania e Austria, nonché settori a Berlino e Vienna, ha ottenuto il pieno controllo del Saarland, un seggio nel Consiglio di controllo alleato per la Germania e, inoltre, un seggio permanente nel Consiglio di sicurezza dell'Organizzazione delle Nazioni Unite. La rapida sconfitta del 1940 era stata un duro colpo per l'orgoglio nazionale e il generale de Gaulle dedicò i suoi migliori e peggiori sforzi per rianimarlo. Sebbene il presidente Truman abbia sventato il suo tentativo di annettere una parte dell'Italia nord-occidentale, il paese ha ricevuto zone di occupazione in Germania e Austria, nonché settori a Berlino e Vienna, ha ottenuto il pieno controllo del Saarland, un seggio nel Consiglio di controllo alleato per la Germania e, inoltre, un seggio permanente nel Consiglio di Sicurezza dell'Organizzazione delle Nazioni Unite. La rapida sconfitta del 1940 era stata un duro colpo per l'orgoglio nazionale e il generale de Gaulle dedicò i suoi migliori e peggiori sforzi per rianimarlo.

Il Regno Unito, il Commonwealth delle Nazioni e l'Impero

Qualunque divisione fosse esistita in Gran Bretagna prima della guerra e durante i primi mesi dello scontro si sciolse nella primavera e nell'estate del 1940.

L'opinione pubblica era unita dal gran numero di vittime civili causato dai bombardamenti, dall'enorme distruzione subita dal città e un razionamento che sarebbe durato un decennio dopo la vittoria. La serie di sconfitte catastrofiche, prima per mano dei tedeschi e poi dei giapponesi, e le conseguenti perdite sconvolsero l'opinione pubblica, ma non causarono un cambio di governo tra il maggio 1940 e il luglio 1945. Come in Francia, le vittime militari furono minime rispetto a quelli della prima guerra mondiale. Il governo ha internato e successivamente rilasciato alcuni simpatizzanti del regime nazista e un gran numero di rifugiati dalla Germania nazista, alcuni dei quali sono stati successivamente inviati in Canada e Australia. La morte e la distruzione causate dai missili tedeschi V-1 e V-2 hanno messo a dura prova i nervi di una popolazione che aveva già sofferto molto, ma il fatto che la vittoria fosse in vista significava che l'effetto complessivo non era lo stesso. quello che Hitler si aspettava. La città affrontò quella che chiamò "l'occupazione americana", la presenza di centinaia di migliaia di soldati americani sul suolo britannico, con un misto di gioia e risentimento; Gli americani, si diceva, erano "troppo ben pagati, troppo ossessionati dal sesso e troppo qui". alcuni dei quali sarebbero stati successivamente spediti in Canada e Australia. La morte e la distruzione causate dai missili tedeschi V-1 e V-2 hanno messo a dura prova i nervi di una popolazione che aveva già sofferto molto, ma il fatto che la vittoria fosse in vista significava che l'effetto complessivo non era lo stesso. quello che Hitler si aspettava. La città affrontò quella che chiamò "l'occupazione americana", la presenza di centinaia di migliaia di soldati americani sul suolo britannico, con un misto di gioia e risentimento; Gli americani, si diceva, erano "troppo ben pagati, troppo ossessionati dal sesso e troppo qui". alcuni dei quali sarebbero stati successivamente spediti in Canada e Australia. La morte e la distruzione causate dai missili tedeschi V-1 e V-2 hanno messo a dura prova i nervi di una popolazione che aveva già sofferto molto, ma il fatto che la vittoria fosse in vista significava che l'effetto complessivo non era lo stesso. quello che Hitler si aspettava. La città affrontò quella che chiamò "l'occupazione americana", la presenza di centinaia di migliaia di soldati americani sul suolo britannico, con un misto di gioia e risentimento; Gli americani, si diceva, erano "troppo ben pagati, troppo ossessionati dal sesso e troppo qui. ma il fatto che la vittoria fosse in vista significava che l'effetto complessivo non era quello che Hitler si aspettava. La città affrontò quella che chiamò "l'occupazione americana", la presenza di centinaia di migliaia di soldati americani sul suolo britannico, con un misto di gioia e risentimento; Gli americani, si diceva, erano "troppo ben pagati, troppo ossessionati dal sesso e troppo qui". ma il fatto che la vittoria fosse in vista significava che l'effetto complessivo non era quello che Hitler si aspettava. La città affrontò quella che chiamò "l'occupazione americana", la presenza di centinaia di migliaia di soldati americani sul suolo britannico, con un misto di gioia e risentimento; Gli americani, si diceva, erano "troppo ben pagati, troppo ossessionati dal sesso e troppo qui". ma il fatto che la vittoria fosse in vista significava che l'effetto complessivo non era quello che Hitler si aspettava. La città affrontò quella che chiamò "l'occupazione americana", la presenza di centinaia di migliaia di soldati americani sul suolo britannico, con un misto di gioia e risentimento; Gli americani, si diceva, erano "troppo ben pagati, troppo ossessionati dal sesso e troppo qui". ma il fatto che la vittoria fosse in vista significava che l'effetto complessivo non era quello che

Hitler si aspettava. La città affrontò quella che chiamò "l'occupazione americana", la presenza di centinaia di migliaia di soldati americani sul suolo britannico, con un misto di gioia e risentimento; Gli americani, si diceva, erano "troppo ben pagati, troppo ossessionati dal sesso e troppo qui". la presenza di centinaia di migliaia di soldati americani sul suolo britannico, con un misto di gioia e risentimento; Gli americani, si diceva, erano "troppo ben pagati, troppo ossessionati dal sesso e troppo qui". ma il fatto che la vittoria fosse in vista significava che l'effetto complessivo non era quello che Hitler si aspettava. La città affrontò quella che chiamò "l'occupazione americana", la presenza di centinaia di migliaia di soldati americani sul suolo britannico, con un misto di gioia e risentimento; Gli americani, si diceva, erano "troppo ben pagati, troppo ossessionati dal sesso e troppo qui". la presenza di centinaia di migliaia di soldati americani sul suolo britannico, con un misto di gioia e risentimento; Gli americani, si diceva, erano "troppo ben pagati, troppo ossessionati dal sesso e troppo qui". ma il fatto che la vittoria fosse in vista significava che l'effetto complessivo non era quello che Hitler si aspettava. La città affrontò quella che chiamò "l'occupazione americana", la presenza di centinaia di migliaia di soldati americani sul suolo britannico, con un misto di gioia e risentimento; Gli americani, si diceva, erano "troppo ben pagati, troppo ossessionati dal sesso e troppo qui". ma il fatto che la vittoria fosse in vista significava che l'effetto complessivo non era quello che Hitler si aspettava. La città affrontò quella che chiamò "l'occupazione americana", la presenza di centinaia di migliaia di soldati americani sul suolo britannico, con un misto di gioia e risentimento; Gli americani, si diceva, erano "troppo ben pagati, troppo ossessionati dal sesso e troppo qui". ma il fatto che la vittoria fosse in vista significava che l'effetto complessivo non era quello che Hitler si aspettava. La città affrontò quella che chiamò "l'occupazione americana", la presenza di centinaia di migliaia di soldati americani sul suolo britannico, con un misto di gioia e risentimento; Gli americani, si diceva, erano "troppo ben pagati, troppo ossessionati dal sesso e troppo qui".

Sebbene la vita della popolazione avrebbe continuato a subire notevoli restrizioni negli anni successivi, il futuro del Paese fu influenzato in modo più sostanziale da altri due effetti della guerra. Il ricordo della depressione economica che il Paese visse negli anni tra le due guerre e le speranze di una società con meno divisioni di classe e più egualitaria in termini economici portarono a un terremoto politico nelle elezioni del luglio 1945, che portarono al potere il Partito Laburista. A livello internazionale, gli sforzi durante la seconda guerra mondiale hanno lasciato il Regno Unito nominalmente una grande potenza, ma in realtà si è notevolmente indebolito. I domini del Paese non solo rivendicarono una maggiore indipendenza negli affari diplomatici ma anche per questioni di sicurezza, e soprattutto nel caso di Australia e Nuova Zelanda, iniziarono a guardare agli Stati Uniti. L'impero coloniale subì un grande sconvolgimento; la sua componente più grande, l'India, era chiaramente sulla strada dell'indipendenza e altri territori in Asia e Africa si stavano muovendo in una direzione simile. Due guerre mondiali avevano posto fine allo status del Regno Unito di potenza leader mondiale.

Italia

Mussolini aveva avuto difficoltà a spiegare al popolo italiano perché doveva tornare in guerra. Le sconfitte militari nell'Africa settentrionale e orientale e in Grecia, seguite all'inizio del 1943 da perdite disastrose sul fronte orientale, dissolsero quasi completamente ogni appoggio che il sistema fascista avesse mai ottenuto nell'opinione pubblica. La decisione tedesca di aiutare il regime italiano fu accolta con più risentimento che apprezzamento e il risultato fu che, dal luglio 1943 al maggio 1945, il paese divenne teatro di combattimenti terribilmente distruttivi. La perdita dell'impero coloniale sollevò lo stato da notevoli spese e, in tal senso, contribuì alla ripresa postbellica del paese; ma nonostante,

L'Unione Sovietica

La guerra aveva trasformato l'Unione Sovietica, dove più di venticinque milioni di persone erano state uccise o uccise da carestie e malattie, e diversi milioni di membri di minoranze nazionali erano stati costretti a trasferirsi a causa della loro inclinazione reale o percepita. collaborare con l'invasore. Dopo la liberazione, i prigionieri di guerra e i lavoratori usati come schiavi dai tedeschi furono accolti con una punizione piuttosto che con il benvenuto. D'altra parte, il regime aveva acquisito per la prima volta legittimità agli occhi della stragrande maggioranza della popolazione, poiché gli orrori dell'occupazione tedesca e la sua politica nei confronti dei prigionieri di guerra avevano trasformato Stalin da un temuto dittatore e odiava diventare un benigno salvatore, il capo che aveva liberato il suo popolo da un destino troppo terribile da immaginare. Sebbene l'economia delle parti occidentali del paese abbia subito gravi danni, le fabbriche evacuate e di nuova costruzione negli Urali e nell'Asia centrale hanno continuato a funzionare. L'allentamento che il regime aveva consentito durante il conflitto per riunire la popolazione si sarebbe ritirato invece di allargarsi, sebbene agli occhi di molti sovietici ciò sarebbe stato compensato dal nuovo status del paese sulla scena internazionale. Nonostante l'alto prezzo pagato, il modo in cui il Paese era riuscito a superare la grande prova della guerra era motivo di orgoglio. A tutti i livelli, chi occupava posizioni di autorità traeva una certa soddisfazione dal fatto che le sorti della Russia erano state ribaltate con successo nella guerra precedente: l'Unione Sovietica aveva guadagnato, non perso, territorio, dominando l'Europa orientale e sudorientale piuttosto che aver perso ogni influenza sui suoi vicini. Inoltre, nell'Asia orientale aveva riconquistato il territorio perso dai giapponesi nel 1905, sebbene poche persone nel paese ne fossero a conoscenza o lo considerassero importante.

Giappone

Il fronte interno giapponese era stato tremendamente teso da otto anni di conflitto. La costante perdita di vite umane, che aumentò con i bombardamenti del 1944-1945, divenne ancora più difficile da sopportare poiché la sempre più efficace campagna sottomarina alleata ridusse gli input dell'industria nazionale. La popolazione si stava esaurendo, ma continuava a sostenere un regime che nel 1942 aveva tenuto elezioni in cui alcuni dei candidati che non avevano l'appoggio del governo vinsero un seggio nella Dieta. La decisione del governo di arrendersi ha risparmiato al Paese milioni di vittime, ulteriori bombardamenti, combattimenti distruttivi sulle isole dell'arcipelago, il lancio di ulteriori bombe atomiche e la successiva divisione del territorio in zone e settori di occupazione. Coloro che consigliarono all'imperatore di ordinare la resa potrebbero aver agito per paura di un'insurrezione politica interna quando le privazioni e le sofferenze divennero ancora peggiori; tuttavia, qualunque fosse la ragione, la resa implicava una continuazione dell'unità nazionale sotto un comando supremo americano. Sebbene ci fossero forze di occupazione britanniche e americane, la popolazione si rese presto conto che questi soldati servivano più ad aiutare che a disturbare. La cattura da parte dell'Unione Sovietica di alcune piccole isole al largo delle coste dell'Hokkaido e la deportazione dei loro abitanti creò una contesa territoriale che continua, ma all'epoca colpì solo una piccola parte di una popolazione che sostanzialmente ricevette con sollievo la fine delle ostilità . la resa implicava una continuazione dell'unità nazionale sotto un comando supremo americano. Sebbene ci fossero forze di occupazione britanniche e americane, la popolazione si rese presto conto che questi soldati servivano più ad aiutare che a disturbare. La cattura da parte dell'Unione Sovietica di alcune piccole isole al largo delle coste dell'Hokkaido e la deportazione dei loro abitanti creò una contesa territoriale che continua, ma all'epoca colpì solo una piccola parte di una popolazione che sostanzialmente ricevette con sollievo la fine delle ostilità . la resa implicava una continuazione dell'unità nazionale sotto un comando supremo americano. Sebbene ci fossero forze di occupazione britanniche e americane, la popolazione si rese presto conto che questi soldati servivano più ad aiutare che a disturbare. La cattura da parte dell'Unione Sovietica di alcune piccole isole al largo delle coste dell'Hokkaido e la deportazione dei loro abitanti creò una contesa territoriale che continua, ma all'epoca colpì solo una piccola parte di una popolazione che sostanzialmente ricevette con sollievo la fine delle ostilità .

Cina

L'impatto della guerra ha trasformato la Cina sia economicamente che politicamente. Il numero totale di vittime umane è sconosciuto, ma si ritiene che sia probabile che superi i quindici milioni. La distruzione era stata grande, ma c'era stato anche uno sviluppo industriale sia nella parte occupata che in quella non occupata del paese. I sovietici smantellarono la maggior parte dell'industria che i giapponesi avevano sviluppato in Manciuria dalla loro occupazione nel 1931, ma l'impatto maggiore degli anni della guerra fu che frustrarono gli sforzi del Partito nazionalista di Chiang Kai-shek per riconsolidare uno stato. caduto in disordine all'inizio del XX secolo. Come abbiamo già accennato, il principale effetto a lungo termine delle operazioni militari giapponesi, in particolare l'offensiva di Ichi Go del 1944, doveva consentire la vittoria dei comunisti cinesi nella guerra civile che sarebbe ripresa poco dopo la fine dei combattimenti tra Giappone e Cina. Il rifiuto del Giappone del dopoguerra di affrontare il suo terribile record di omicidi, stupri e devastazioni ha lasciato la Cina, così come altre parti dell'Asia orientale e sudorientale, con un'eredità di odio che ha impedito il tipo di riconciliazione che è stata raggiunta in Europa grazie a la politica e l'atteggiamento molto diversi della Germania del dopoguerra.

noi

Negli Stati Uniti la divisione che esisteva prima e durante la prima guerra mondiale era praticamente sconosciuta durante la seconda. L'attacco del Giappone ha assicurato che le controversie locali, alcuni razionamenti, gli sforzi del governo per controllare i prezzi e gli scioperi e le serrate occasionali non hanno mai influenzato la determinazione generale a portare la guerra alla sua conclusione vittoriosa. Le campagne per promuovere legami di guerra, donare sangue e raccogliere metalli e altri materiali furono prontamente accettate. L'internamento temporaneo di giapponesi americani che vivono in alcuni stati, al fine di nascondere a eventuali traditori in mezzo a loro le informazioni ottenute attraverso la decifrazione dei codici giapponesi, ha causato problemi dopo la guerra alle vittime e ha fatto rimpiangere la società americana per quanto accaduto. Le elezioni di medio termine del

1942 accrebbero la forza dell'opposizione repubblicana, ma il presidente Roosevelt vinse un quarto mandato nelle elezioni del 1944, con un democratico, Harry Truman, che gli successe dopo la sua morte nell'aprile 1945. Tre importanti effetti a lungo termine della guerra sono degni di nota. Lo sforzo deliberato di Roosevelt di abituare l'opinione pubblica a un ruolo diverso nel mondo del dopoguerra ebbe successo; A differenza di quanto accadde durante la prima guerra mondiale, l'accordo di pace e l'organizzazione internazionale non incontrarono alcuna opposizione. Le decisioni prese durante il conflitto di localizzare i campi di addestramento e le strutture, nonché i cantieri navali, nel sud, sud-ovest e ovest del Paese, per ragioni meteorologiche e geografiche, hanno prodotto un cambiamento nella distribuzione della popolazione e, quindi, del potere politico. In definitiva, la guerra ha messo in moto cambiamenti significativi nella condizione delle donne e degli afroamericani.

America Latina, paesi neutrali e progressi tecnici

Con l'eccezione dell'Argentina, i paesi dell'America Latina si erano uniti agli Alleati. Brasile e Messico inviarono piccoli contingenti nella lotta, ma per il resto la loro funzione principale era fornire rifornimenti e navi negandoli alle potenze dell'Asse. Alcuni residenti nati in Germania sono stati trasferiti negli Stati Uniti per l'internamento, ma questi paesi hanno subito disordini interni relativamente piccoli. Alla fine della guerra, molti di loro ricevettero un numero significativo di criminali di guerra tedeschi e croati che fuggirono dall'Europa per evitare l'accusa, di solito con l'aiuto della Croce Rossa e di membri del Vaticano.

I paesi europei rimasti neutrali hanno beneficiato in misura significativa della guerra vendendo merci a prezzo elevato a entrambe le parti. La Svezia aveva anche consentito il transito di soldati tedeschi e la Svizzera era stata profondamente coinvolta nelle operazioni finanziarie e nei saccheggi nazisti. Tuttavia, solo la Spagna aveva inviato un numero significativo di soldati a combattere al fianco dei tedeschi, ma i sopravvissuti tornarono in un paese ancora in ripresa da un'aspra guerra civile.

In tutte le potenze belligeranti furono compiuti importanti progressi sia nel campo della tecnologia militare che nella pratica medica utilizzata durante il conflitto che avrebbe avuto notevole importanza nel dopoguerra. Furono costruiti e utilizzati nuovi carri armati, aerei, navi da guerra e pezzi di artiglieria. Le innovazioni più spettacolari utilizzate durante le ostilità furono radar, aerei a reazione, missili balistici e bombe nucleari, che avrebbero continuato a essere sviluppate dopo la fine del conflitto. Il tentativo di distruzione più estremo, le migliaia di palloni carichi di bombe incendiarie con cui i giapponesi speravano di distruggere parti degli Stati Uniti e del Canada, in realtà ha causato pochissime vittime e una distruzione minima. L'uso su larga scala di trasfusioni di sangue e l'avvento di nuovi farmaci come la penicillina salvarono la vita di migliaia di feriti e divennero la medicina standard del dopoguerra. Pertanto, sebbene la distruzione materiale causata dal conflitto fosse immensa, i progressi compiuti durante la guerra avevano anche un aspetto benefico.

8

Vittoria alleata, 1944-1945

L'asse

Nella primavera del 1944 era chiaro che l'obiettivo della conquista del mondo non era più alla portata dei tedeschi. Hitler ei suoi associati speravano che l'alleanza forgiata dalle nazioni che combattevano l'Asse si sarebbe sgretolata, o che la sconfitta dell'invasione alleata a ovest che si aspettavano nello stesso anno avrebbe consentito loro di spostare un gran numero di forze al fronte. Est e infine schiaccia l'Armata Rossa, che aveva subito pesanti perdite negli scontri precedenti. Allo stesso tempo, la Germania intendeva continuare con una delle sue principali priorità, il programma di sterminio di tutti gli ebrei alla sua portata, indipendentemente dagli effetti che ciò avrebbe potuto avere sulla direzione delle operazioni militari.

In Italia, il governo che sostituì Mussolini e si arrese agli Alleati fu insediato, sotto la loro supervisione, nel sud del Paese. Lì reclutò alcuni uomini per combattere a fianco delle forze alleate, ma non poté fare altro che assistere ai combattimenti che continuavano a devastare la penisola mentre nel nord del paese, dove i partigiani combattevano sia i tedeschi che l'altro, i nazisti crearono un regime fantoccio guidato da Mussolini. Il governo giapponese aveva ricevuto l'approvazione della Germania per la sua proposta di dividere l'Asia lungo il 70° meridiano, ma anche il successo dell'offensiva di Ichi Go non poteva compensare le sconfitte subite in India, nelle Marianne e nel Pacifico sudoccidentale, o le crescenti perdite . di navi mercantili sulle rotte in partenza dal sud-est asiatico.

Gli alleati

Gli alleati occidentali pianificarono di continuare a combattere fino alla resa incondizionata delle potenze dell'Asse. Questa volta gli sconfitti non potevano fingere di non essere stati davvero sconfitti, come sostenevano i tedeschi fosse accaduto durante la prima guerra mondiale. I leader americani erano anche determinati che il loro paese non si sarebbe disimpegnato dal mondo come aveva fatto dopo quel conflitto, ma si sarebbe impegnato nella creazione di una nuova organizzazione internazionale. Le piene ambizioni del regime sovietico non saranno descritte accuratamente fino all'apertura dell'archivio presidenziale a Mosca (che si spera prima che il deterioramento della carta di supporto ne renda impossibile la lettura), ma alcuni punti sono chiari. Il regime prevedeva di estendere il suo dominio e promuovere la sua influenza per quanto possibile in Europa. Sebbene l'Unione Sovietica fosse stata espulsa dalla Società delle Nazioni, si sarebbe unita alla nuova organizzazione internazionale nella speranza di prevenire una nuova invasione da parte di una Germania in ripresa. È necessario ricordare che tutti i governanti dell'epoca furono fortemente influenzati dal fatto che, nonostante fosse stata sconfitta nella prima guerra mondiale, la Germania era tornata a scommettere sul dominio del mondo solo vent'anni dopo, e quindi concentrarono l'attenzione e piani su come impedire che l'esperienza si ripeta. si unirebbe alla nuova organizzazione internazionale nella speranza di prevenire una nuova invasione da parte di una Germania in ripresa. Occorre ricordare che tutti i regnanti dell'epoca furono fortemente influenzati dal fatto che, pur essendo stati sconfitti nella prima guerra mondiale, La Germania era tornata a scommettere sul dominio del mondo solo vent'anni dopo, e quindi ha concentrato l'attenzione e i piani su come evitare che l'esperienza si ripetesse. si unirebbe alla nuova organizzazione internazionale nella speranza di prevenire una nuova invasione da parte di una Germania in ripresa. È necessario ricordare che tutti i governanti dell'epoca furono fortemente influenzati dal fatto che, nonostante fosse stata sconfitta nella prima guerra mondiale, la Germania era tornata a scommettere sul dominio del mondo solo vent'anni dopo, e quindi concentrarono l'attenzione e piani su come impedire che l'esperienza si ripeta. si unirebbe alla nuova organizzazione internazionale nella speranza di prevenire una nuova invasione da parte di una Germania in ripresa. È necessario ricordare che tutti i governanti dell'epoca furono fortemente influenzati dal fatto che, nonostante fosse stata sconfitta nella prima guerra mondiale, la Germania era tornata a scommettere sul dominio del mondo solo vent'anni dopo, e quindi concentrarono l'attenzione e piani su come impedire che l'esperienza si ripeta. si unirebbe alla nuova organizzazione internazionale nella speranza di prevenire una nuova invasione da parte di una Germania in ripresa. È necessario ricordare che tutti i governanti dell'epoca furono fortemente influenzati dal fatto che, nonostante fosse stata sconfitta nella prima guerra mondiale, la Germania era tornata a scommettere sul dominio del mondo solo vent'anni dopo, e quindi concentrarono l'attenzione e piani su come impedire che l'esperienza si ripeta.

Durante la conferenza di Teheran, gli alleati avevano sostanzialmente concordato che nel 1944 avrebbero effettuato offensive su tutti i principali fronti in Europa, che includeva specificamente un'invasione attraverso la Manica che doveva essere supportata da un'invasione lungo la costa. Mediterraneo di Francia. Nonostante i continui dubbi di Churchill, i piani per l'operazione Overlord, l'invasione della Normandia, andarono avanti; e così anche i piani per lo sbarco in Costa Azzurra, nome in codice inizialmente "Anvil" e poi "Dragon", operazione alla quale gli inglesi avevano obiezioni ancora più forti. Gli Alleati presumevano giustamente che effettuando offensive sostanzialmente simultanee in Italia, Francia e fronte orientale avrebbero impedito alla Germania di spostare forze da una parte dell'Europa per respingere gli invasori in un'altra. Inoltre, operazioni di inganno di successo nell'ovest mantennero i soldati tedeschi nell'area di Calais e in Norvegia, in attesa di sbarchi mai avvenuti, mentre l'inganno sovietico manteneva le riserve tedesche in Ucraina, in attesa di un'offensiva contro i tedeschi. Army Group North, quando il grande assalto sarebbe stato in realtà contro Army Group Center.

Cronologicamente, gli Alleati iniziarono lanciando un'offensiva su vasta scala in Italia l'11 maggio. Soldati americani e britannici si fecero strada attraverso le difese tedesche e si unirono a quelli che erano sbarcati ad Anzio a gennaio. Contrariamente ai piani e al buon senso, l'ufficiale in comando delle forze alleate in Italia, il generale statunitense Mark Clark, si precipitò a Roma invece di isolare una parte significativa delle forze tedesche. Quindi, sebbene Roma sia stata liberata il 4 giugno, gli Alleati hanno dovuto sudare sangue per farsi strada nel nord e liberare l'Italia centro settentrionale. Tuttavia, come previsto,

Il 6 giugno, le forze del Regno Unito, degli Stati Uniti e del Canada sono sbarcate su cinque spiagge della Normandia, un'operazione che sarebbe stata impossibile senza una precedente vittoria nell'aria e negli oceani. La decisa resistenza tedesca rallentò l'unione delle teste di ponte e la penetrazione nell'interno della Francia, ma nell'ultima settimana di luglio gli americani sfondarono sul bordo occidentale del fronte normanno e avanzarono rapidamente sia nell'entroterra del paese che verso la Bretagna (Mappa 12). Il 20 luglio è avvenuto un nuovo tentativo fallito di uccidere Hitler e, con un'eccezione, la leadership delle forze armate ha sostenuto il leader che li aveva acquistati al posto del generale Ludwig Beck, ex capo dell'Alto Comando. Tedesco e capo dell'esercito contrario al regime. A metà agosto, Gli eserciti degli Stati Uniti e della Francia sbarcarono sulla costa mediterranea francese e avanzarono verso nord dopo aver catturato i porti chiave di Tolone e Marsiglia, che in seguito si sarebbero rivelati essenziali per rifornire le forze alleate. Parigi fu liberata dall'offensiva della Normandia e poco dopo i due sbarchi si riunirono. Lo sforzo tedesco di organizzare un grande contrattacco e tagliare il contingente americano che penetrava attraverso la Normandia era fallito, e sebbene rovinando o trattenendo i porti della regione fossero riusciti a impedire agli eserciti alleati di rinforzarsi e rifornirsi in autunno e quindi sono riusciti a rallentare le offensive, hanno continuato senza riuscire a sconfiggerli. A settembre gli Alleati tentarono di sfondare la barriera del Reno all'estremità settentrionale del fronte, combinando una serie di tre assalti aerei per catturare i ponti sui rami del fiume e penetrare attraverso di essi nell'Olanda e nella Germania settentrionale, ma l'offensiva fallì quando i tedeschi schiacciarono la divisione aviotrasportata più settentrionale. Tuttavia, gli alleati continuarono ad avanzare in alcuni settori e il 21 ottobre gli americani presero la prima grande città della Germania, Aquisgrana. Rinforzi e fortificazioni costruiti prima della guerra vicino al confine tedesco rallentarono l'avanzata alleata e permisero ai tedeschi di prepararsi segretamente per una controffensiva su vasta scala. ma l'offensiva fallì quando i tedeschi schiacciarono la divisione aviotrasportata più settentrionale. Tuttavia, gli alleati continuarono ad avanzare in alcuni settori e il 21 ottobre gli americani presero la prima grande città della Germania, Aquisgrana. Rinforzi e fortificazioni costruiti prima della guerra vicino al confine tedesco rallentarono l'avanzata alleata e permisero ai tedeschi di prepararsi segretamente per una controffensiva su vasta scala. ma l'offensiva fallì quando i tedeschi schiacciarono la divisione aviotrasportata più settentrionale. Tuttavia, gli alleati continuarono ad avanzare in alcuni settori e il 21 ottobre gli americani presero la prima grande città della Germania, Aquisgrana. Rinforzi e fortificazioni costruiti prima della guerra vicino al confine tedesco rallentarono l'avanzata alleata e permisero ai tedeschi di prepararsi segretamente per una controffensiva su vasta scala. e il 21 ottobre gli americani conquistarono la prima grande città della Germania, Aquisgrana. Rinforzi e fortificazioni costruiti prima della guerra vicino al confine tedesco rallentarono l'avanzata alleata e permisero ai tedeschi di prepararsi segretamente per una controffensiva su vasta scala. e il 21 ottobre gli americani conquistarono la prima grande città della Germania, Aquisgrana. Rinforzi e fortificazioni costruiti prima della guerra vicino al confine tedesco rallentarono l'avanzata alleata e permisero ai tedeschi di prepararsi segretamente per una controffensiva su vasta scala.

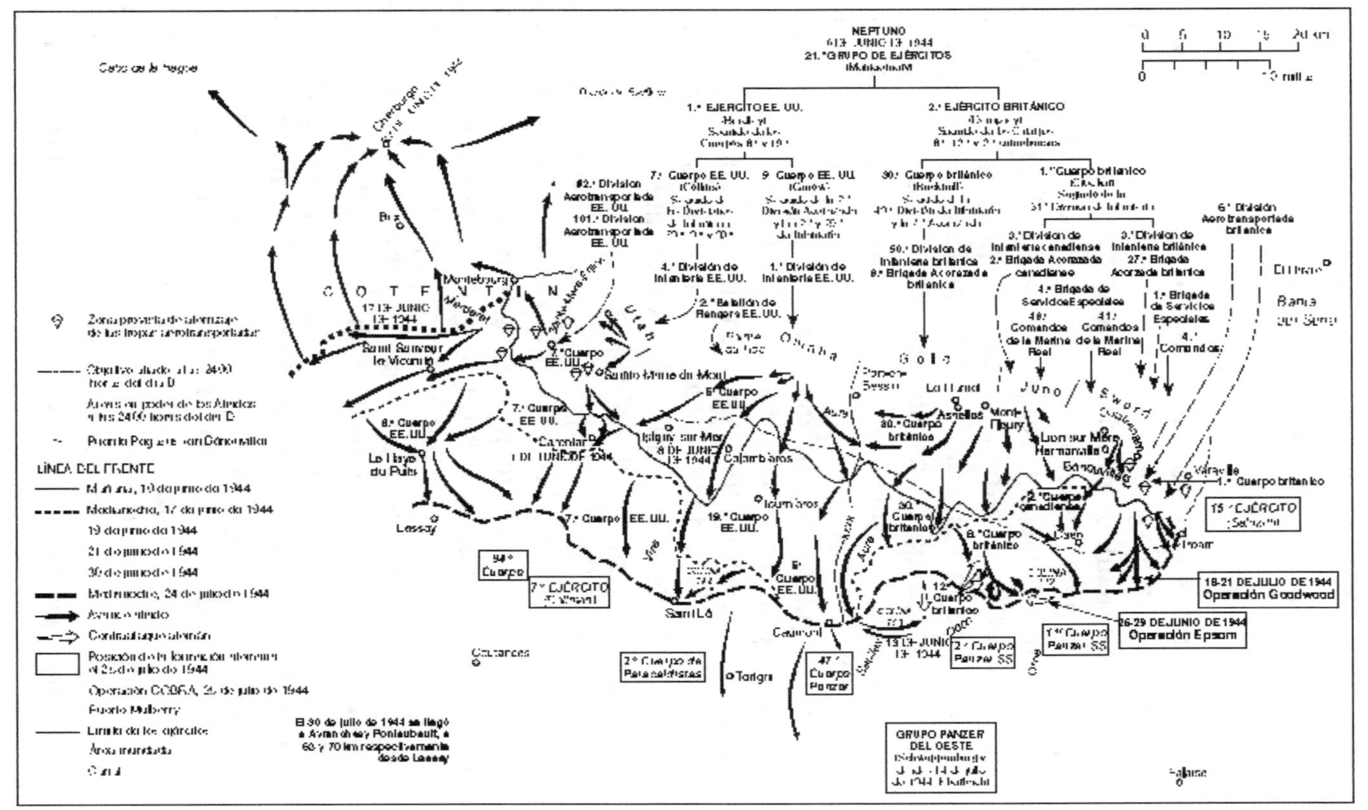
NEPTUNO
6 13 JUNIO 13 1944
21.ª GRUPO DE EJÉRCITOS
1.ª EJÉRCITO EE. UU.
2.ª EJÉRCITO BRITÁNICO
7.ª Cuerpo EE. UU. (Collins)
9.ª Cuerpo EE. UU. (Corlett)
30.ª Cuerpo británico (Bucknall)
1.ª Cuerpo británico (Crocker)
82.ª División Aerotransportada EE. UU.
101.ª División Aerotransportada EE. UU.
4.ª División de Infantería EE. UU.
1.ª División de Infantería EE. UU.
2.ª Batallón de Rangers EE. UU.
50.ª División de Infantería británica
8.ª Brigada Acorazada británica
3.ª División de Infantería canadiense
2.ª Brigada Acorazada canadiense
3.ª División de Infantería británica
27.ª Brigada Acorazada británica
6.ª División Aerotransportada británica
4.ª Brigada de Servicios Especiales
48.ª Comandos de la Marina Real
41.ª Comandos de la Marina Real
1.ª Brigada de Servicios Especiales
4.ª Comandos
Cabo de la Hague
Cherburgo
Bricquebec
Montebourg
Saint Sauveur le Vicomte
La Haye du Puits
Lessay
Coutances
Carentan
Sainte Mère du Mont
Isigny sur Mer
Colombières
Torigni
Saint Lô
Caumont
Villers Bocage
Tilly
Bayeux
Sessan
La Hund
Asnelles
Mont Fleury
Lion sur Mer
Hermanville
Courseulles
Caen
Troarn
Varaville
Ouistreham
Utah
Omaha
Gold
Juno
Sword
Vire
Aure
Orne
17 13 JUNIO 13 1944
8 DE JUNIO 13 1944
1 DE JUNIO DE 1944
6.ª Cuerpo EE. UU.
8.ª Cuerpo EE. UU.
7.ª Cuerpo EE. UU.
5.ª Cuerpo EE. UU.
19.ª Cuerpo EE. UU.
94.ª Cuerpo
7.ª EJÉRCITO
2.ª Cuerpo de Paracaidistas
47.ª Cuerpo Panzer
30.ª Cuerpo británico
8.ª Cuerpo británico
2.ª Cuerpo canadiense
12.ª Cuerpo británico
1.ª Cuerpo británico
15.ª EJÉRCITO
13 13 JUNIO 13 1944
2.ª Cuerpo Panzer SS
1.ª Cuerpo Panzer SS
18-21 DE JULIO DE 1944 Operación Goodwood
26-29 DE JUNIO DE 1944 Operación Epsom
GRUPO PANZER DEL OESTE
Falaise
0   5   10   15   20 km
0   10 millas
Zona prevista de aterrizaje de las tropas aerotransportadas
Objetivo aliado a las 2400 horas del día D
Áreas en poder de los Aliados a las 2400 horas del día D
Puente Pegasus con Bénouville
LÍNEA DEL FRENTE
Mañana, 19 de junio de 1944
Medianoche, 17 de junio de 1944
19 de junio de 1944
21 de junio de 1944
30 de junio de 1944
Medianoche, 24 de julio de 1944
Avance aliado
Contraataque alemán
Posición de la formación alemana el 25 de julio de 1944
Operación COBRA, 25 de julio de 1944
Puerto Mulberry
Límite de los ejércitos
Área inundada
Canal
El 30 de julio de 1944 se llegó a Avranches y Pontaubault, a 63 y 70 km respectivamente desde Lessay

12. Operazione Overlord

Sul fronte orientale, l'Armata Rossa aveva cacciato i tedeschi dalla maggior parte dell'Ucraina nei primi mesi del 1944 e riconquistato la Crimea ad aprile. Tuttavia, in aprile e maggio i tedeschi sono riusciti a respingere una grande offensiva contro la Romania, la loro ultima grande vittoria tattica a est. A giugno i sovietici attaccarono la Finlandia e dopo una serie di offensive costrinsero il Paese a chiedere l'armistizio, firmato a settembre. A causa di un'operazione tedesca, i finlandesi avrebbero finito per combattere i loro ex alleati. La più grande offensiva sovietica, accuratamente preparata, avrebbe colpito l'Army Group Center il 22 giugno. L'operazione Bagration ha provocato la più grande sconfitta della guerra della Germania. perché il gruppo dell'esercito fu completamente distrutto e decine di migliaia di soldati tedeschi finirono fatti prigionieri (Carta 13). L'Armata Rossa avanzò rapidamente e tagliò le unità tedesche all'estremità settentrionale del fronte dirigendosi verso il Mar Baltico. I tedeschi riuscirono temporaneamente a riaprire un corridoio per le loro truppe, ma una forza significativa rimase isolata nella Lettonia occidentale, posizione che mantenne fino alla fine della guerra per ordine di Hitler, al quale la marina aveva segnalato la necessità di controllare il Baltico. fino alla messa in funzione dei nuovi sottomarini. Attraverso il centro l'Armata Rossa avanzò in Polonia, ma fu fermata quando la resistenza sotterranea insorse a Varsavia. I sovietici si assicurarono le teste di ponte dei fiumi Vistola e Narew, per usarle nell'offensiva invernale. Alla fine di agosto, la Romania cambiò schieramento, facilitando l'occupazione sovietica della Bulgaria e consentendo il lancio di un'offensiva contro l'Ungheria.

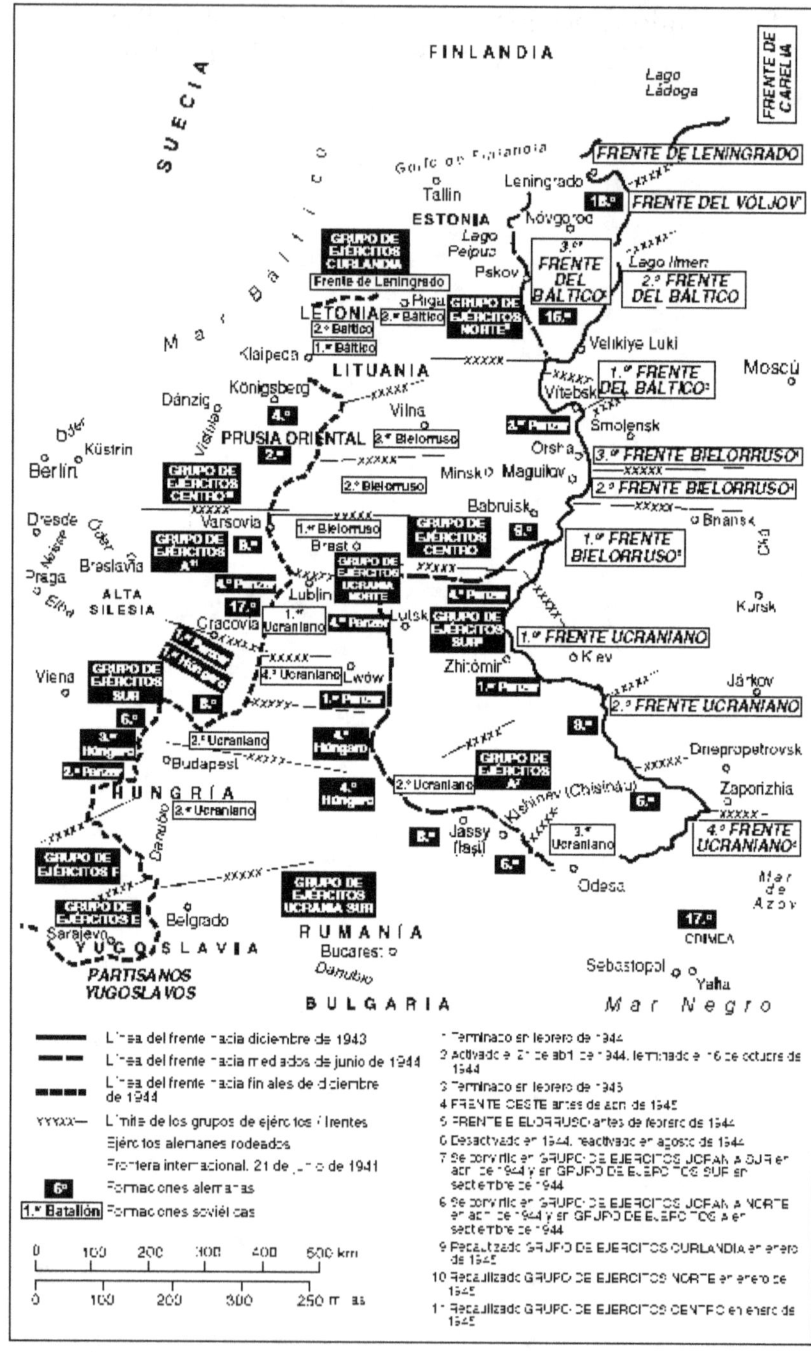

Línea del frente hacia diciembre de 1943

Línea del frente hacia mediados de junio de 1944

Línea del frente hacia finales de diciembre de 1944

Límite de los grupos de ejércitos / frentes

Ejércitos alemanes rodeados

Frontera internacional. 21 de junio de 1941

6.º Formaciones alemanas

1.º Batallón Formaciones soviéticas

0 100 200 300 400 500 km

0 100 200 300 250 millas

1. Terminado en febrero de 1944

2. Activado el 21 de abril de 1944, terminado el 16 de octubre de 1944

3. Terminado en febrero de 1945

4. FRENTE OESTE antes de abril de 1945

5. FRENTE BIELORRUSO antes de febrero de 1944

6. Desactivado en 1944, reactivado en agosto de 1944

7. Se convirtió en GRUPO DE EJÉRCITOS UCRANIA SUR en abril de 1944 y en GRUPO DE EJÉRCITOS SUR en septiembre de 1944

8. Se convirtió en GRUPO DE EJÉRCITOS UCRANIA NORTE en abril de 1944 y en GRUPO DE EJÉRCITOS A en septiembre de 1944

9. Rebautizado GRUPO DE EJÉRCITOS CURLANDIA en enero de 1945

10. Rebautizado GRUPO DE EJÉRCITOS NORTE en enero de 1945

11. Rebautizado GRUPO DE EJÉRCITOS CENTRO en enero de 1945

13. The German-Soviet War, 1943-1944

L'inverno 1944-1945 in Europa

A metà dicembre i tedeschi lanciarono le ultime riserve contro gli americani nelle Ardenne, sperando di riconquistare l'importante porto di Anversa, trascinando gli Stati Uniti fuori dalla guerra in Europa quando il loro fronte interno crollò sotto l'impatto di una schiacciante sconfitta. , hanno un effetto simile sugli inglesi e quindi liberano un numero enorme di forze per il fronte orientale. L'offensiva sorprese e respinse temporaneamente gli americani in quella che divenne nota come la "battaglia delle Ardenne", ma si concluse con una tremenda sconfitta poiché gli alleati resistettero ei tedeschi subirono pesanti perdite sia in termini di soldati che di equipaggiamento. A febbraio gli alleati occidentali ripresero le grandi offensive,

I sovietici, che avevano ripreso le loro offensive nella parte centrale del fronte e in Ungheria a gennaio, entrarono in Germania e Austria e, nonostante i contrattacchi tedeschi in entrambi i luoghi, in aprile circondarono Berlino e incontrarono l'esercito americano a Torgau. a sud della capitale tedesca. Le forze tedesche in Italia si arresero all'inizio di maggio. L'ammiraglio Dönitz, che aveva sostituito Hitler il 30 aprile dopo il suicidio di quest'ultimo, ordinò la resa incondizionata l'8 maggio. Con piccole eccezioni, tutte le unità terrestri, marittime e aeree tedesche rispettarono l'ordine di arrendersi.

Offensiva alleata in Asia orientale e nel Pacifico

Nel frattempo, nell'Asia orientale e nel Pacifico, gli inglesi avevano completato la riconquista della Birmania e si preparavano a sbarcare sulla costa malese (operazione Zipper, prevista per settembre 1945). Il successo degli sbarchi americani nelle Marianne, nella costa nord-occidentale della Nuova Guinea, nell'isola Morotai e nelle isole Palau aprirono la strada allo sbarco a Leyte, nell'arcipelago delle Filippine centrali, nell'ottobre 1944 (Mappa 14). Quell'isola fu teatro di lunghi e aspri combattimenti, nonché di una grande battaglia navale, poiché i giapponesi fecero un disperato tentativo di sconfiggere le truppe sbarcate e la flotta che le sosteneva. Sebbene rallentati dai rinforzi giapponesi, gli americani alla fine presero Leyte, solo per scoprire che la posizione non era adatta per le basi aeree di cui avevano bisogno per supportare l'invasione di Luzon. che li costringerebbe a sbarcare a Mindoro a metà dicembre. La battaglia navale del Golfo di Leyte fu una grande vittoria per gli Stati Uniti, in cui lo straordinario coraggio dei cacciatorpediniere di scorta e delle portaerei, unito all'errata interpretazione della situazione da parte del comandante della flotta giapponese, Takeo Kurita, a suo avviso era la principale flotta statunitense avanti, compensata dalla decisione dell'ammiraglio William Halsey di inseguire la flotta esca giapponese piuttosto che proteggere le forze di sbarco. In una suprema ironia della storia, che pensava fosse la principale flotta statunitense avanti, compensava la decisione dell'ammiraglio William

Halsey di inseguire la flotta esca giapponese piuttosto che proteggere le forze di sbarco. In una suprema ironia della storia, che pensava fosse la principale flotta statunitense avanti, compensava la decisione dell'ammiraglio William Halsey di inseguire la flotta esca giapponese piuttosto che proteggere le forze di sbarco. In una suprema ironia della storia,

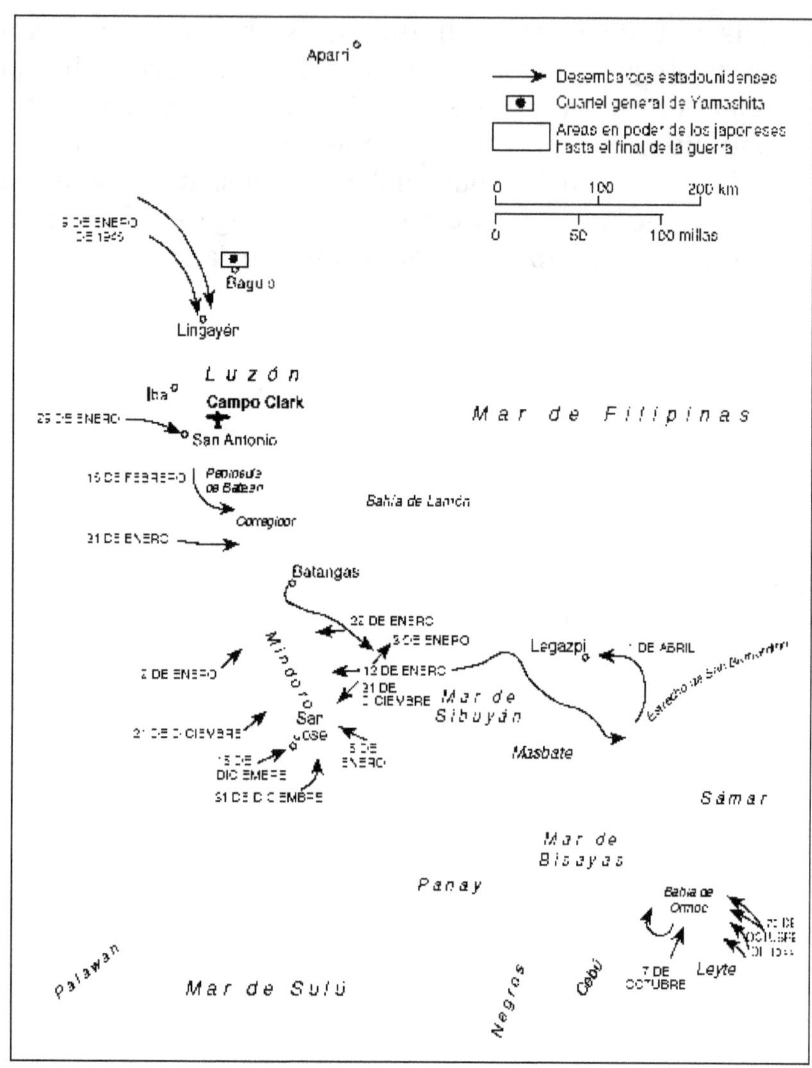

14. La campagna delle Filippine, 1944-1945

L'invasione americana della parte settentrionale dell'isola di Luzon iniziò nel gennaio 1945 e portò all'aspra lotta per la liberazione di Manila, dove nel marzo 1945 le forze giapponesi uccisero e violentarono migliaia di civili, come già avevano fatto a Singapore in Febbraio 1942 sotto il comando dello stesso ufficiale, Tomoyuki Yamashita. Quest'ultimo, al comando di un nutrito contingente, riuscì a tenere una parte del Luzon settentrionale fino alla resa dei giapponesi, mentre gli americani effettuarono una serie di sbarchi su altre isole del centro e del sud dell'arcipelago. Fu durante la campagna filippina che i giapponesi iniziarono a usare piloti suicidi chiamati kamikaze, che furono lanciati contro navi americane, molte delle quali causarono ingenti danni. L'uso successivo di piccoli aerei suicidi trasportati verso il loro obiettivo da aerei più grandi si è rivelato molto meno efficace. I giapponesi hanno anche sviluppato e utilizzato sempre più sottomarini suicidi (kaiten) e altre forme di barche suicidi, ma anche questi si sono rivelati inefficaci. Il suddetto invio di migliaia di palloncini incendiari attraverso l'Oceano Pacifico per dare fuoco alle foreste e alle città del Canada occidentale e degli Stati Uniti è stata l'idea più distruttiva mai immaginata da un paese durante la guerra, ma in pratica ha avuto un impatto minimo. ma anche questi erano inefficaci. Il suddetto invio di migliaia di palloncini incendiari attraverso l'Oceano Pacifico per dare fuoco alle foreste e alle città del Canada occidentale e degli Stati Uniti è stata l'idea più distruttiva mai immaginata da un paese durante la guerra, ma in pratica ha avuto un impatto minimo. ma anche questi erano inefficaci. Il suddetto invio di migliaia di palloncini incendiari attraverso l'Oceano Pacifico per dare fuoco alle foreste e alle città del Canada occidentale e degli Stati Uniti è stata l'idea più distruttiva mai immaginata da un paese durante la guerra, ma in pratica ha avuto un impatto minimo.

Nel febbraio 1945, i marines statunitensi sbarcarono a Iwo Jima nelle isole Bonin, tra le Filippine e l'arcipelago giapponese, dove i giapponesi avevano diversi aeroporti. Una campagna spietata e sanguinosa permise agli americani di ottenere il controllo dell'isola. Per assicurarsi una base più ampia per la loro prevista invasione dell'arcipelago giapponese, gli americani radunarono un nuovo esercito e sbarcarono a Okinawa, la più grande delle isole Ryukyu, il 1 aprile 1945 (Mappa 15). A questo punto, gli inglesi erano riusciti a svolgere un ruolo più importante nella guerra del Pacifico, contribuendo con una parte della flotta di copertura a quella che sarebbe diventata la battaglia più sanguinosa della guerra contro il Giappone sia per la marina che per i giapponesi. Esercito degli Stati Uniti. La lotta,

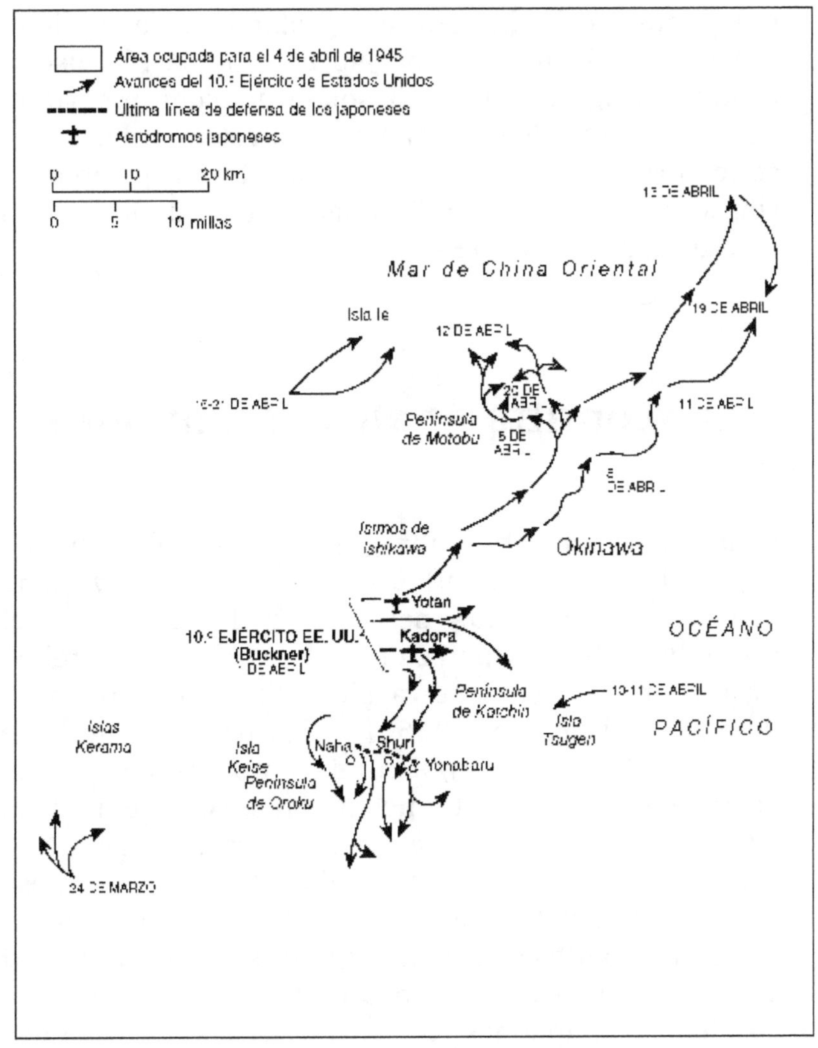

15. La campagna di Okinawa, 1945

Durante la battaglia di Okinawa, le forze australiane e americane iniziarono le operazioni contro i giapponesi nelle Indie orientali olandesi. Una serie di sbarchi nel Borneo tra maggio e luglio 1945 riuscì a conquistare gran parte dell'isola e dei suoi importanti giacimenti petroliferi. Lo sbarco su Java era previsto per settembre. Un gran numero di forze giapponesi rimasero sparse nelle Indie orientali quando il paese si arrese nel settembre 1945.

La sconfitta finale del Giappone

I piani per porre fine alla guerra contro il Giappone (Operazione Downfall) prevedevano l'invasione dell'isola di Kyushu, nel sud dell'arcipelago, nel novembre 1945 (Operazione Olympic), che avrebbe fornito una base di atterraggio nella baia di Tokyo. e dintorni nel marzo 1946 (Operazione Coronet). In entrambe le operazioni, il contingente iniziale sarebbe americano e Coronet includerebbe divisioni dalla Francia e dal Commonwealth delle Nazioni nella fase successiva. L'idea di un attacco dalla Cina e da Formosa (Taiwan) era stata scartata dopo l'offensiva di Ichi Go, ma ci si aspettava un aiuto significativo dagli eserciti sovietici, che avrebbero dovuto attaccare e mantenere così le forze giapponesi in Manciuria, in Corea. e la Cina, oltre ad attaccare e bombardare da nord le isole dell'arcipelago giapponese. Una delle principali preoccupazioni era che dopo aver occupato il Giappone, i soldati giapponesi che erano sparsi nell'Asia orientale e sudorientale e nelle isole del Pacifico, forti di oltre un milione, avrebbero continuato a combattere fino alla morte, morte che gli Alleati avrebbero dovuto infliggere nelle operazioni Post-Coronet. A differenza dell'Europa e del Nord Africa, nella guerra contro il Giappone c'erano stati pochissimi soldati individuali che avevano scelto di arrendersi (per lo più a causa di feriti o reclutati con la forza dalla popolazione locale) e non si erano mai incontrati. arrese di unità complete come accadde a Stalingrado o Tunisi. morte che gli Alleati avrebbero dovuto infliggere nelle operazioni Post-Coronet. A differenza dell'Europa e del Nord Africa, nella guerra contro il Giappone c'erano stati pochissimi soldati individuali che avevano scelto di arrendersi (per lo più a causa di feriti o reclutati con la forza dalla popolazione locale) e non si erano mai incontrati. arrese di unità complete come accadde a Stalingrado o Tunisi. morte che gli Alleati avrebbero dovuto infliggere nelle operazioni Post-Coronet. A differenza dell'Europa e del Nord Africa, nella guerra contro il Giappone c'erano stati pochissimi soldati individuali che avevano scelto di arrendersi (per lo più a causa di feriti o reclutati con la forza dalla popolazione locale) e non si erano mai incontrati. arrese di unità complete come accadde a Stalingrado o Tunisi.

Gli alleati convocarono il governo giapponese ad arrendersi nel luglio 1945 da Potsdam, una scelta deliberata sia di tempo che di luogo. Quando il Consiglio Supremo di Guerra di Tokyo ha "respinto all'unanimità" questa richiesta, così come le raccomandazioni dello stesso effetto dei diplomatici giapponesi (gli americani lo hanno appreso grazie ai messaggi che hanno intercettato), il presidente degli Stati Uniti, Harry Truman, in concerto con il Segretario alla Guerra Henry Stimson e, con il precedente sostegno dei governi del Regno Unito e dell'Unione Sovietica, decise di utilizzare le bombe atomiche recentemente disponibili per cercare di scioccare i giapponesi facendogli accettare di arrendersi. Sebbene il progetto per creare la bomba atomica fosse originariamente visto come una corsa con la Germania, Le potenze occidentali avevano continuato a lavorare al suo sviluppo anche dopo aver concluso che i tedeschi non stavano andando da nessuna parte in quella zona. Gli americani, progettando di utilizzare le bombe atomiche disponibili per supportare l'operazione Olympic, decisero che ne avrebbero sganciate una, e se necessario due, sulle città giapponesi; nel caso in cui la resa non fosse possibile nemmeno in questo modo, le altre bombe avrebbero dovuto essere conservate per quando sarebbe arrivato il momento dell'invasione.

Il governo giapponese non solo ha respinto l'appello alla resa della dichiarazione di Potsdam, ma ha anche accettato un piano per difendersi dall'invasione (che prevedeva correttamente da dove sarebbe venuto), presumendo che la sua disponibilità ad accettare venti milioni di vittime avrebbe scoraggiato l'invasione giapponese. gli Alleati continuano a chiedere la resa incondizionata. Tokyo ha cercato senza successo di convincere l'Unione Sovietica a sostenere una fine negoziata del conflitto o addirittura a cambiare lato. Anche i devastanti bombardamenti statunitensi, lanciati principalmente dalle Isole Marianne, non sono riusciti a far cambiare idea ai leader giapponesi nonostante abbiano distrutto vaste aree delle principali città del Paese e causato, soprattutto a Tokyo, un numero enorme di vittime. La seconda bomba atomica provocò una spaccatura nel Consiglio Supremo. Metà dei suoi membri Impressionati dal fatto che un solo aereo potesse sganciare una singola bomba e raggiungere ciò che in precedenza avrebbe richiesto centinaia di aerei e migliaia di bombe, conclusero che gli Alleati erano in grado di uccidere tutta o la maggior parte della popolazione dell'arcipelago senza anche doverlo invadere. Pertanto, hanno abbandonato il piano di difesa e hanno sostenuto la resa. In tali circostanze, l'imperatore Hirohito, forse sotto l'influenza dei suoi consiglieri, preoccupati per una possibile rivolta interna e per l'ingresso dell'Unione Sovietica nella guerra del Pacifico, si incontrò con il Consiglio e ordinò personalmente la loro resa. hanno concluso che gli alleati erano in grado di uccidere tutta o quasi tutta la popolazione dell'arcipelago senza conclusioni hanno concluso che gli alleati erano in grado di uccidere tutta o la maggior parte della popolazione dell'arcipelago senza nemmeno doverlo invadere. Pertanto, hanno abbandonato il piano di difesa e hanno sostenuto la resa. In tali circostanze, l'imperatore Hirohito, forse sotto l'influenza dei suoi consiglieri, preoccupati per una possibile rivolta interna e per l'ingresso dell'Unione Sovietica nella guerra del Pacifico, si incontrò con il Consiglio e ordinò personalmente la loro resa. hanno concluso che gli alleati erano in grado di uccidere tutta o quasi tutta la popolazione dell'arcipelago senza conclusioni hanno concluso che gli alleati erano in grado di uccidere tutta o la maggior parte della popolazione dell'arcipelago senza nemmeno doverlo invadere. Pertanto, hanno abbandonato il piano di difesa e hanno sostenuto la resa. In tali circostanze, l'imperatore Hirohito, forse sotto l'influenza dei suoi consiglieri, preoccupati per una possibile rivolta interna e per l'ingresso dell'Unione Sovietica nella guerra del Pacifico, si incontrò con il Consiglio e ordinò personalmente la loro resa. hanno concluso che gli alleati erano in grado di uccidere tutta o quasi tutta la popolazione dell'arcipelago senza conclusioni forse sotto l'influenza dei suoi consiglieri, preoccupati per una possibile rivolta interna e per l'ingresso dell'Unione Sovietica nella guerra del Pacifico, si incontrò con il Consiglio e ne ordinò personalmente la resa. hanno concluso che gli alleati erano in grado di uccidere tutta o quasi tutta la popolazione dell'arcipelago senza conclusioni forse sotto l'influenza dei suoi consiglieri, preoccupati per una possibile rivolta interna e per l'ingresso dell'Unione Sovietica nella guerra del Pacifico, si incontrò con il Consiglio e ne ordinò personalmente la resa. hanno concluso che gli alleati erano in grado di uccidere tutta o quasi tutta la popolazione dell'arcipelago senza conclusioni

anche doverlo invadere. Pertanto, hanno abbandonato il piano di difesa e hanno sostenuto la resa. In queste circostanze, l'imperatore Hirohito, forse sotto l'influenza dei suoi consiglieri, preoccupati per una possibile rivolta interna e per l'ingresso dell'Unione Sovietica nella guerra del Pacifico, incontrò il Consiglio e ordinò personalmente la resa. conclusero che gli Alleati erano in grado di uccidere tutta o quasi la popolazione dell'arcipelago senza nemmeno doverlo invadere. Pertanto, hanno abbandonato il piano di difesa e hanno sostenuto la resa. In tali circostanze, l'imperatore Hirohito, forse sotto l'influenza dei suoi consiglieri, preoccupati per una possibile rivolta interna e per l'ingresso dell'Unione Sovietica nella guerra del Pacifico, si incontrò con il Consiglio e ordinò personalmente la loro resa.

Coloro che volevano continuare a combattere complottarono un colpo di stato fallito quando il ministro della Guerra Korechika Anami, diviso tra il desiderio di continuare la lotta e la lealtà all'imperatore, scelse di suicidarsi piuttosto che unirsi al colpo di stato. Gli alleati facilitarono la resa incondizionata ai giapponesi dichiarando che avrebbero potuto mantenere l'istituzione imperiale se lo avessero voluto, anche se sarebbe rimasta sotto il controllo alleato, e concordando, su suggerimento degli inglesi, che la resa essere firmata da rappresentanti del governo giapponese. e non dall'imperatore stesso. Hirohito, da parte sua, inviò vari emissari, compresi membri della famiglia reale, per informare i comandanti giapponesi di tutto il mondo che dovevano arrendersi. Non c'era bisogno di effettuare operazioni Post-Coronet e l'arcipelago non era diviso in zone di occupazione o Tokyo in settori. Le truppe degli Stati Uniti e del Commonwealth occuparono il paese, ma il governo e l'amministrazione rimasero nelle mani dei giapponesi, sotto la guida e la direzione del comandante supremo delle forze alleate (SCAP), il generale MacArthur. Sebbene l'ordine di resa dell'imperatore sia stato obbedito a larga maggioranza, pochi, pochissimi soldati giapponesi hanno continuato a resistere fino agli anni '70. sotto la guida e la direzione del comandante supremo delle forze alleate (SCAP), il generale MacArthur. Sebbene l'ordine di resa dell'imperatore sia stato obbedito a larga maggioranza, pochi, pochissimi soldati giapponesi hanno continuato a resistere fino agli anni '70. sotto la guida e la direzione del comandante supremo delle forze alleate (SCAP), il generale MacArthur. Sebbene l'ordine di resa dell'imperatore sia stato obbedito a larga maggioranza, pochi, pochissimi soldati giapponesi hanno continuato a resistere fino agli anni '70.

Alla fine della più grande guerra della storia, erano morte circa sessanta milioni di persone, la maggior parte delle quali civili. Il maggior numero di vittime è stato registrato in Unione Sovietica, dove morirono più di venticinque milioni di persone, seguita dalla Cina, dove almeno quindici morirono. Sebbene altri paesi abbiano subito enormi perdite, nessuno è stato devastato, tiranneggiato, saccheggiato e decimato come la Polonia. La distruzione su larga scala e la dislocazione economica erano il paesaggio caratteristico della maggior parte dell'Europa, dell'Asia orientale, del sud-est asiatico e di parti del Nord Africa.

La guerra e la sua fine provocarono anche enormi spostamenti di popolazione. Milioni di prigionieri di guerra e lavoratori schiavi hanno lottato per tornare alle loro case e, sebbene molti impiegassero anni, di solito ce l'hanno fatta. D'altra parte, alcuni di coloro che erano originari dell'Europa orientale non volevano tornare nei loro paesi, poiché erano caduti sotto il dominio sovietico. Gli ebrei polacchi sopravvissuti all'Olocausto scoprirono di non essere i benvenuti nel loro paese e che il ritorno era, in effetti, pericoloso, quindi preferirono emigrare in Palestina, che gli inglesi cercarono di tenere chiusa. Milioni di europei in più sono stati sfollati dai nuovi confini stabiliti dai vincitori. Poiché i tedeschi avevano condannato all'infinito lo sforzo compiuto a Versailles nel 1919 per adeguare i confini ai popoli e, invece, avevano insistito sul principio dell'adeguamento dei popoli alle frontiere, quella procedura era stata applicata alla Germania. Circa 12 milioni di tedeschi hanno perso la casa in quella che un tempo era la Germania orientale, così come in Cecoslovacchia, Polonia e altri paesi dell'Europa orientale e sudorientale, nel più grande movimento di popolazione in così poco tempo. L'Italia perse il suo impero coloniale e parte del suo territorio, che dovette cedere alla Jugoslavia. Dopo la resa, il Giappone rimase unito; il paese non era diviso in zone di occupazione e la capitale non era divisa in settori, come avveniva in Germania e Austria e nelle rispettive capitali. Solo l'Unione Sovietica ha annesso alcune piccole isole al largo della costa nord-orientale di Hokkaido e ne ha deportato gli abitanti, Circa 12 milioni di tedeschi hanno perso la casa in quella che un tempo era la Germania orientale, così come in Cecoslovacchia, Polonia e altri paesi dell'Europa orientale e sudorientale, nel più grande movimento di popolazione in così poco tempo. L'Italia perse il suo impero coloniale e parte del suo territorio, che dovette cedere alla Jugoslavia. Dopo la resa, il Giappone rimase unito; il paese non era diviso in zone di occupazione e la capitale non era divisa in settori, come avveniva in Germania e Austria e nelle rispettive capitali. Solo l'Unione Sovietica ha annesso alcune piccole isole al largo della costa nord-orientale di Hokkaido e ne ha deportato gli abitanti, Circa 12 milioni di tedeschi hanno perso la casa in quella che un tempo era la Germania orientale, così come in Cecoslovacchia, Polonia e altri paesi dell'Europa orientale e sudorientale, nel più grande movimento di popolazione in così poco tempo. L'Italia perse il suo impero coloniale e parte del suo territorio, che dovette cedere alla Jugoslavia. Dopo la resa, il Giappone rimase unito; il paese non era diviso in zone di occupazione e la capitale non era divisa in settori, come avveniva in Germania e Austria e nelle rispettive capitali. Solo l'Unione Sovietica ha annesso alcune piccole isole al largo della costa nord-orientale di Hokkaido e ne ha deportato gli abitanti, L'Italia perse il suo impero coloniale e parte del suo territorio, che dovette cedere alla Jugoslavia. Dopo la resa, il Giappone rimase unito; il paese non era diviso in zone di occupazione e la capitale non era divisa in settori, come avveniva in Germania e Austria e nelle rispettive capitali. Solo l'Unione Sovietica ha annesso alcune piccole isole al largo della costa nord-orientale di Hokkaido e ne ha deportato gli abitanti, L'Italia perse il suo impero coloniale e parte del suo territorio, che dovette cedere alla Jugoslavia. Dopo la resa, il Giappone rimase unito; il paese non era diviso in zone di occupazione e la capitale non era divisa in settori, come avveniva in Germania e Austria e nelle rispettive capitali. Solo l'Unione Sovietica ha annesso alcune piccole isole al largo della costa nord-orientale di Hokkaido e ne ha deportato gli abitanti,

Gli alleati si trovarono di fronte alla questione di come affrontare i criminali di guerra, che avevano promesso di assicurare alla giustizia e punire. A quel tempo, molti di coloro che avevano motivo di temere la giustizia fecero del loro meglio per nascondersi, assumere nuove identità o fuggire in Sud America con l'aiuto del Vaticano. I paesi recentemente liberati non solo hanno affrontato il problema della ricostruzione ma anche quello di cosa fare con coloro che avevano collaborato con le forze di occupazione. La maggior parte dei paesi sconfitti si è trovata a dover pagare le riparazioni di guerra; per ironia della storia, la Germania troncata e terribilmente distrutta del secondo dopoguerra ha dovuto pagare molto di più di quanto avesse pagato la Germania più grande e sostanzialmente tra le due guerre.

Se la vittoria fosse stata enormemente costosa, l'alternativa a cui il mondo aveva guardato era così orrenda che, a posteriori, si potrebbe dire che il prezzo pagato era necessario: la politica genocida applicata dai tedeschi agli ebrei e agli zingari prefigurava una strage sistematica ancora più grande, la fame e la sterilizzazione forzata di enormi masse, con l'obiettivo finale che solo i cosiddetti ariani abitassero la Terra dediti alla propria venerazione. Il conflitto, d'altra parte, ha accelerato il processo di decolonizzazione, un processo che includeva sia le potenze coloniali partecipanti che paesi neutrali come Spagna e Portogallo. La guerra ha anche fornito all'Unione Sovietica una nuova legittimità agli occhi della stragrande maggioranza della sua popolazione, anche se questa sarebbe svanita nel tempo.

www.ingramcontent.com/pod-product-compliance
Lightning Source LLC
Chambersburg PA
CBHW061514120726
48001CB00004B/1316